RETO LOCHER

ACHTSAMES Gärtnern
für Ruhe und Kraft

Auf dem Weg durch
den Garten und
zu sich selbst

Schirner Verlag

Wir verzichten auf das Einschweißen unserer Bücher – **UNSERER UMWELT ZULIEBE!**

ISBN 978-3-8434-5178-9

Reto Locher:
Achtsames Gärtnern für
Ruhe und Kraft
Auf dem Weg durch den Garten
und zu sich selbst
© 2009, 2019 Schirner Verlag,
Darmstadt

Umschlag & Layout: Simone Fleck &
Elena Lebsack, Schirner, unter
Verwendung von Bildern von
www.shutterstock.com
(siehe Bildnachweis)
Lektorat: Natalie Köhler, Schirner
Printed by: Ren Medien GmbH,
Germany

www.schirner.com

2., komplett neu gestaltete Auflage August 2019

Alle Rechte der Verbreitung, auch durch Funk, Fernsehen und sonstige Kommunikationsmittel, fotomechanische oder vertonte Wiedergabe sowie des auszugsweisen Nachdrucks vorbehalten

Inhalt

Wie wir Frieden im eigenen Garten finden 6
Neujahrsspaziergang 8
Hortensien oder der Genuss der Ineffizienz ... 10
Gießen 12
Piktogramme der alten Art 14
Nichtstun wegen Schnee 16
Die Schwingung der Erde 18
Eine Viertelstunde Zeit 20
Ein Besuch im Nachtgarten 22
Achse und Gleichgewicht 24
Lavendel in Schuhgröße 49 28
Kamelien, bitte warten! 30
Nach innen tasten 34
Stricke lösen 36
Endlichkeit 38
Perfektion, aber maßvoll bitte 40
Heim zur Quelle 44
Jäten und Wut 46
Kinderarbeit rückwärts 48
Eins nach dem anderen 50
Ich bin kein Schäfer 54
Eine zweite kopernikanische Wende 56
Flechtwerk 58
Eine Begegnung mit dem Buddhismus 60

Tod und Essenz	64
Natur als Teil von mir	66
Reines Wasser und Spaß	68
Holz stapeln	70
274 Rosenblüten	72
Durchhalten	74
Boden für einen guten Tag	78
Achte auf dich selbst	80
Wo ein Weg war	82
Auf Augenhöhe mit dem Kraut	84
Sensen und achtsames Sensen	86
In Rauch aufgegangen	88
Auf dem Steg	90
Nacktschnecken eimerweise	92
Nicht immer, aber immer öfter	94
Sich einsammeln	96
Mandalas und Geiz	100
Loslassen und ankommen	102
Zeit gewinnen	104
Literaturempfehlungen	106
Dank	108
Über den Autor	109
Bildnachweis	112

Wie wir Frieden im eigenen Garten finden

Die Herausforderung an einem spirituellen Weg besteht darin, die Erkenntnisse und Erfahrungen, die wir in einem geschützten Rahmen machen, mit in den Alltag zu nehmen. Wenn man sich während einer Meditation mit der ganzen Welt verbunden gefühlt hat, wenn man Ruhe, Gelassenheit, Frieden und Herzenswärme erfahren konnte, heißt das noch lange nicht, dass man nicht zwei Stunden später seinem Vorgesetzten den Hals umdrehen möchte. Im Gegenteil, manchmal habe zumindest ich das Gefühl, dass ich, je achtsamer und bewusster ich lebe, umso empfindsamer und manchmal auch empfindlicher werde, mir meiner Fehler und Schwächen umso mehr bewusst bin – und manchmal macht es mich fast wahnsinnig, wenn ich mir oder anderen dabei zusehen kann, wie wir zum hundertsten Mal an derselben Stelle straucheln. Und doch denke ich, dass dies der richtige Weg ist: Üben im geschützten Rahmen und das Erfahrene im Alltag anzuwenden versuchen – immer und immer wieder. Denn nach jedem Auftanken im Garten oder sonst wo nehmen wir ein kleines Stückchen dieser inneren Ruhe mit, die es uns ermöglicht, uns besser einzulassen auf das, was ist.

Der Garten eignet sich besonders gut dazu, die Erfahrungen und Erkenntnisse aus der Meditation mit dem Alltag zu verbinden: Er lebt sein eigenes Leben, verändert sich ständig. Wachstum und Zerfall finden ununterbrochen nebeneinander statt. Der Garten fordert Arbeit und Einsatz und hält uns die Folgen unserer Handlungen oder unseres Unterlassens sehr deutlich vor Augen. Und doch ist der Garten nicht ganz so stürmisch wie unsere Kinder, nicht so unnachsichtig wie unsere Auftraggeber, nicht so ungeduldig wie unsere Partner, nicht so schnell aus dem Gleichgewicht zu bringen wie unser Konto. Der Garten verändert sich nur langsam, er beschenkt uns jeden Tag, auch wenn wir eine Weile nichts für ihn tun. Und doch ist Gartenarbeit Alltagsarbeit, die man entweder in Hektik und mit einem weit entfernten Ziel vor Augen verrichten kann, oder aber achtsam, Schritt für Schritt, Handgriff für Handgriff, meditativ eben, sodass sie keinen Stress verursacht, sondern Kraft gibt. Wie dieses Büchlein.

Manja van Wezemael

2. Januar

Neujahrsspaziergang

Der Jahreswechsel war schon immer eine Zeit der Besinnung, und im Garten ist das nicht anders. Es ist die ideale Zeit, um einen kleinen Neujahrsspaziergang zu machen, sich der Gartenfreuden des vergangenen Jahres zu erinnern und die ersten Vorfreuden auf das neue Jahr zu entdecken.

Gärten haben viele Geschichten zu erzählen, in jedem Fleckchen steckt eine Freude. Und wie alles im Leben, hat diese Freude einen Anfang, eine Dauer und ein Ende. Da liegt zum Beispiel der Pflasterstein, den ich im Sommer am Rand des kleinen Gartenweges herausgestemmt habe, um in seinem Bett eine Wärme liebende Storchenblume zu pflanzen. Noch stehen ihre Stängel, sind sogar grün, und die Chancen, dass sie in zwei oder drei Monaten wieder aufblüht, stehen gut. Sie hat sich wohlgefühlt mit der warmen Mauer im Rücken. Und ihre roten Blüten haben mich den ganzen Sommer über erfreut, jeden Tag einen Augenblick lang, als ich an ihr vorbeispaziert bin und auf sie geachtet habe.

Solche speziellen Orte im Garten sind wichtig. Es sind Orte der Achtsamkeit. Zwei oder drei in einem Garten sind genug – mehr davon bereiten einem nur Stress. Aber an diesen wenigen besonderen Plätzen bewusst innezuhalten, einen Augenblick zu verweilen, die Freude zu genießen, die sie ausstrahlen, das bringt Stärke in den Tag und tut der Seele gut.

Wichtig ist auch, über diese Orte der Achtsamkeit und ihre Bedeutung für uns zu reden: mit dem Nachbarn, der nur allzu gerne seine Düngemittel auch außerhalb der Grenzen seines Gartens einsetzt, mit den Kindern, die gerade diesen Ort besonders attraktiv finden und lieber hier als anderswo Blumen pflücken. Im Alltag finden wir oft keine Zeit, um über solche besonderen Kleinigkeiten zu sprechen. Und manchmal fehlen uns auch einfach die passenden Worte. Aber anhand solch konkreter Orte lässt es sich leicht erklären. Dass die Storchenblume eben eine besondere Blume für den Papa ist, so besonders, dass er extra einen Stein aus dem Weg gehievt hat, um sie zu pflanzen, das versteht jedes Kind.

Und wer uns Gärtner beobachtet, wie wir immer wieder diese Orte der Achtsamkeit aufsuchen, an ihnen innehalten und Freude daran haben, der wird natürlicherweise eine gewisse Ehrfurcht vor solchen Orten entwickeln. Auch wenn er selbst mit der Storchenblume nichts anfangen kann.

9. Januar

Hortensien oder der Genuss der Ineffizienz

Es ist Mitte Januar. Die Nachbarn haben die Hortensien schon heruntergeschnitten. Die Gärtner schneiden sie bis auf Kniehöhe – manche sogar mit der elektrischen Schere. Das rattert ein wenig, und dann ist der Busch weg, bis auf seine Stummel gekürzt. In meinen Gartenbüchern steht indes, dass Hortensien überhaupt nicht geschnitten werden müssen. Nur die verblühten Köpfe soll man abtrennen.

Hortensien rahmen die eine Ecke unseres Gartens ein. Es sind mehr als ein Dutzend Büsche, weiße, blaue, rosa- und purpurrote. Sie stehen mannshoch und tragen im Sommer Tausende von Blütenköpfen.

Jetzt ist Winter – ich beginne, die einzelnen Blütenköpfe abzuschneiden. Am Blütenstängel sehe ich schon die neuen Knospen sprießen. Ab und zu schneide ich auch einen dürren Zweig heraus. Jede Blüte ein Schnitt. Das sind über hundert Schnitte pro Busch. Effizient ist das nicht. Auf Kniehöhe wären es vielleicht ein Dutzend Zweige, die ich kappen müsste, das wäre zehnmal effizienter.

Aber Effizienz ist heute nicht gefragt. Ich schneide die einzelnen Blüten und lege sie Stück für Stück in den großen Weidenkorb. Dabei erinnere ich mich nochmals an ihre Farben und an ihre große Pracht im Sommer. Dankbarkeit erfüllt mich. Es macht mich sicher glücklicher, bei jedem Schnitt, also ein paar hundert Mal, an diese schönen Blüten erinnert zu werden, als sie in einem Effizienzschub innerhalb von Sekunden wegzuputzen. Weshalb sollte ich mich dieser Erinnerung berauben? Es gibt viel zu viele Situationen, in denen Effizienz verlangt, ja gefordert wird und manchmal auch angebracht ist. Hier ist sie es nicht. Nicht im Garten. Hortensien fordern uns auf, uns Zeit zu nehmen. Und wenn wir dieser Aufforderung nachkommen, erleben wir Glück und Freude. Was wollen wir mehr?

14. Januar

Gießen

Ich habe schon tausend Mal Pflanzen gegossen. Heute atme ich zuerst einmal tief durch, bevor ich die Treppe hinabsteige, um die Gießkanne zu holen. Ich fülle sie mit Leitungswasser auf, weil das Regenwasser unter einer dicken Eisschicht liegt. Dann trage ich sie zu den Pflanzen im Wintergarten.

Mir fällt ein, dass ich irgendwo ein homöopathisches Stärkungspräparat stehen habe. Vielleicht können ein paar Tropfen aus dem Fläschchen das fehlende Regenwasser kompensieren? Das Fläschchen steht da, auf dem Sims, und ich gebe hundert Tropfen in das Gießkannenwasser.

Hundert Mal tropft es in die Kanne. Jedes Mal breiten sich hübsche kleine Kreise auf der Oberfläche aus, und ich spüre mehr als ich es sehe, dass sich die Tropfen mit dem Wasser vermischen.
Die Tropfen wirken. Ich halte bei jeder Pflanze inne. Merke, dass mit jeder Kanne nicht einfach nur Wasser in die Töpfe fließt, sondern Botschaften. Gießen ist ein Akt der Zuwendung. Sie kann mechanisch erfolgen, wie ein achtlos gegebener Gutenachtkuss. Oder eben achtsam. Oft mache ich mir Sorgen, wenn ich die Pflanzen gieße, weil ich sehe, dass sie nicht so wachsen, wie ich es mir wünsche. Seltener empfinde ich Freude, weil ich eine Blüte entdecke oder eine neue Frucht. Aber fast noch nie habe ich mich den Pflanzen zugewendet. Viel zu schnell habe ich diese Pflicht erledigt – habe kaum zehn Sekunden für jede einzelne übriggehabt.
Die Tropfen haben mich stutzig gemacht. Sie mussten zwei Jahre dort herumstehen, bis sie ihre Wirkung entfalten konnten. Jetzt werde ich sie neben die Gießkanne stellen – für das nächste Mal. Werde in jedem Topf die Erde befühlen und hören, was Erde und Pflanze sagen, und mir Zeit nehmen für jede einzelne. Und die Botschaft, die ich mit dem Wasser zur Pflanze bringe, wird eine andere sein.

15. Januar

Piktogramme der alten Art

Auf jedem Flughafen oder Bahnhof schildern sie Wege aus: Piktogramme. Symbole, die so einfach gestaltet sind, dass fast jede und jeder ihre Bedeutung versteht, egal, ob sie oder er lesen kann. Piktogramme sind die moderne, global geltende Symbolsprache. Wer ein Dutzend von ihnen kennt, kommt überall durch – oder zumindest bis auf die Toilette.

Auch in jedem Garten gibt es eine Symbolsprache: Pflanzen sind die ältesten Piktogramme der Welt. Bevor der Mensch Zeichen an die Wand malte, hat er Bäume an heilige Stätten gesetzt, um sie zu kennzeichnen. Jeder Garten enthält eine eigene Symbolik, spricht seine eigene Sprache. Wer zuhören und verstehen kann, hat mehr davon.

In unseren Garten haben wir zum Beispiel eine stattliche Linde gepflanzt. Die Linde sollte unseren etwas abschüssigen Garten an seinem unteren Rand stützen und dafür sorgen, dass nicht alle Energie dort abfließt. Am Anfang haben wir ihr Anwachsen mit Bangen verfolgt und auf günstige Sommer gehofft. Inzwischen hat sie gut Wurzeln geschlagen und ist zum größten und wichtigsten Baum in unserem Garten herangewachsen. Dass es gerade eine Linde ist, ist kein Zufall. Die Linde ist ein Symbol für eheliche Liebe, Zärtlichkeit, Gastfreundschaft, Gemeinschaft, Gerechtigkeit und Hilfsbereitschaft. Linden können bis zu zweitausend Jahre alt werden und sind in Europa seit jeher Lebensbäume und -quellen. Früher wurden bei jeder Neugründung eines Dorfes in die Dorfmitte eine oder mehrere Linden gepflanzt.

> *»Sieh dies Lindenblatt! Du wirst es*
> *Wie ein Herz gestaltet finden,*
> *Darum sitzen die Verliebten*
> *Auch am liebsten unter Linden«,*
> *dichtete Heinrich Heine (Neuer Frühling).*

Wir haben die Linde kurz nach unserer Hochzeit gesetzt und mit einem großen Gartenfest gezeigt, dass dieser Garten offen ist für unsere Freunde und Nachbarn.
Jeder Garten besitzt Symbolpflanzen. Es sind Pflanzen, die entweder für den Garten als Ganzes besonders wichtig sind, oder Pflanzen, zu denen die Besitzer eine ganz besondere Beziehung entwickelt haben. Man sollte diesen Symbolgehalt etwas näher erforschen, denn es ist kein Zufall, weshalb man gerade jene Pflanzen ausgewählt hat. Sie wollen mit ihrem uralten Symbolgehalt auf etwas hinweisen, wie Piktogramme, aber differenzierter, gehaltvoller und auf einer tiefer verwurzelten Ebene unseres Seins.

20. Januar

Nichtstun wegen Schnee

Der Garten hat sich eine Schneedecke übergezogen. Wie ein Kind, das schlafen will. Es gibt nichts zu tun. Für Menschen wie mich ist Nichtstun schwieriger als etwas zu tun. Ich stehe im Schnee, er reicht mir bis zum Stiefelrand, und schaue auf die weiße Decke. Betrachte die Eiszapfen an den Dachspeiern, gehe ein paar Schritte. Der Schnee ist federleicht. Ich könnte jetzt die Äste schütteln, um sie von der Schneelast zu befreien, aber der Schnee ist ja federleicht. Die Äste brauchen mich nicht. Es gibt nichts zu tun. Ruhe herrscht, zumindest im Garten – auf der Straße höre ich Schneepflüge rattern. Ich gehe wieder ein paar Schritte und tue nichts. Meine Schritte legen eine Spur durch den Garten – es ist die Spur eines Nichtstuers. Langsam beginne ich, es zu genießen: Einfach ein paar Schritte gehen, ohne Ziel und ohne Zweck, in meinem kleinen Paradies, dem Garten, inmitten einer so geschäftigen Welt.

Ich komme am Bambus vorbei. Viele Halme haben sich zur Erde gebogen. Ich lasse sie liegen. Nichtstun heißt auch, Vertrauen zu haben. »So, wie es ist, so ist es gut«, sagt man im Zen. Es ist gut, »Ja« zu sagen – zum Leben, zur Vergänglichkeit. Die Japaner haben dafür ein besonderes Wort und Zeichen: »Buji«. Es hängt als Kalligrafie in unserem Schlafzimmer. Wir Europäer haben den Schnee als Zeichen dafür. Es ist nicht tuscheschwarz, sondern schneeweiß und viel größer und mächtiger. Vielleicht sind wir etwas schwerer von Begriff. Vielleicht brauchen wir erst einen halben Meter der kühlen Flocken, um zu begreifen, dass wir auch Zeiten des Nichtstuns brauchen.

Auf meinen Weg, der eine Spur im Schnee hinterlässt, scheint nun die Sonne durch die Schneewolken. Sie grüßt mich und gratuliert mir. Sie hat mich selten nichts tun gesehen. Sie sah mich schon faulenzen, aber das ist etwas anderes. Ich gehe meinen Weg zu Ende. Von der Terrasse aus werde ich die Spur noch eine Weile sehen. Sie wird mich an die ruhigen Momente des Nichtstuns erinnern. Sie sind zu selten. Es sollte öfter schneien, richtig stark, bis alle Straßen unter meterhohen Decken liegen und niemand mehr etwas anderes tun kann als nichts.

24. Januar

Die Schwingung der Erde

Fast ein ganzes Jahr ist es her, seit ich, für mich alleine, begonnen habe, mich im achtsamen Gärtnern zu üben. Heute kann ich gar nicht mehr anders. Die Januarsonne hat das Ihre beigetragen, um mich hinauszulocken. Aber viel wichtiger noch: Ich habe gestern eine Last abgeworfen, ein schon lange fälliges Gespräch geführt, Klarheit geschaffen und über Nacht zu mehr Freiheit gefunden. Sodass ich jetzt hier stehe, mir die Sonne auf die Nasenspitze scheinen lasse, fasziniert die Eiskristalle auf den Brettern des Stegs betrachte und Freude spüre.

Ich gehe die paar Schritte zu einem kleinen Hügel im hinteren Teil des Gartens und beginne, die Weidenschösslinge abzusägen. Das Sägeblatt lässt sich wie durch Butter ziehen. Ich wippe in den Knien, spüre die Spannung in meinem Rücken, merke, wie mein Körper warm wird, und genieße diese Achtsamkeit.

Auf die jungen Weiden folgen die Brombeeren, die ich Stück für Stück ausreiße. Der Gärtner hat sie letztes Jahr einfach abgeschnitten, doch ich versuche jetzt, sie mit der Wurzel aus der Erde zu ziehen. Sie haben sich kräftig vermehrt im letzten Jahr, die ordnende Hand hat gefehlt.

Ich arbeite eine gute Stunde lang. Dann endlich stellt sie sich ein: die Schwingung der Erde. Sie erfasst mich, und ich werde ruhiger. Ich bin nicht nur in der Freiheit, sondern jetzt auch in der Verbundenheit mit der Erde. Wie weit und ruhig ihr Rhythmus doch ist! Sie nimmt mich mit, diese ruhige Energie. Und auf dieser großen, langen Welle gleitend sehe ich das ganze letzte Jahr vor meinem inneren Auge, sehe den Stress, alle Beengungen und die ganze hektische Schwingung des Computers, die mich viel mehr beherrscht hat, als mir lieb war. Ich gesunde hier in diesem Garten. Er nährt mich. Er verbindet mich mit der Erde. Er hat mich zurückgewonnen, oder ich habe ihn zurückgewonnen: eine Win-win-Situation.

27. Januar

Eine Viertelstunde Zeit

Mein erster Meditationslehrer hat über das tägliche Praktizieren zu mir gesagt: »Sie brauchen nur eine Viertelstunde Zeit für sich selbst. Das sollten Sie sich wert sein.« So verbringe ich heute diese Viertelstunde im Garten. Es ist der Beginn eines neuen Tages. Mein Kopf schwirrt bereits von den vielen Aufgaben, die heute zu erledigen sind. Aber jetzt trete ich zuerst einmal hinaus in die Sonne. Sie scheint mir auf Stirn und Brust. Ich schließe die Augen, weil es so hell ist, und atme bewusst ein, bewusst aus. Einen Moment lang wird es ganz ruhig in mir. Im nächsten schießen mir bereits wieder neue Gedanken durch den Kopf. Ich lasse sie ziehen. Ich gehe ein paar Schritte auf die Sonne zu. Gehe bis ans Ende des Gartens, wo ich bald eine kleine Buddhastatue auf einem Erdhügel platzieren will. Ich lasse auch diesen Gedanken ziehen. Ich drehe mich um, gehe den Weg zurück und sehe, wie sich im Garten eine neue, schöne Achse zwischen Sitzplatz und Buddha bildet … Ich lasse auch diesen Gedanken vorbeiziehen. Ich stehe wieder in der Sonne und versuche, ruhig zu werden.

Langsam kommt sie, die Gelassenheit, die Stille, die Ruhe. Ich spüre, wie ich den Tag bewusst beginnen kann. Nicht die Geschäfte, Telefonate und Sitzungen werden es sein, die mich durch den Tag hetzen. Sondern ich bin es, der diesen Tag gestalten wird. Ich spüre die Freundlichkeit, die ich meinen Kolleginnen und Kollegen entgegenbringen werde. Ich spüre die Konzentration, die ich den Aufgaben angedeihen lassen werde. Jetzt ist es gut. Langsam beende ich meine Viertelstunde im Garten. Ich höre ein paar Vögel zwitschern und freue mich über ihr Winterlied. Ich danke dem Garten, dass er mich auf den Boden zurückgebracht hat. Der Tag hat sich, objektiv betrachtet, nicht verändert. Es sind noch dieselben Aufgaben wie vor einer Viertelstunde, die anstehen und erledigt werden müssen. Und doch ist alles anders. Der Satz eines Exerzitienmeisters fällt mir ein: »Weil die Welt gut ist, fühlen wir uns auch gut.« Falsch! Die Welt ist gut, weil wir uns gut fühlen. So ist es.

9. Februar

Ein Besuch im Nachtgarten

Was tut ein Gärtner in der Nacht? Er geht in den Garten. Die Sonne ist vor Stunden untergegangen. Es ist tiefe Nacht. Noch liegt Schnee. Ich gehe hinaus, und das Erste, was ich sehe, ist der Himmel – voller Sterne. Als Gärtner ist mein Blick meistens nach unten gerichtet, zur Erde hin. Nicht so in der Nacht. Da blicke ich nach oben. Der Himmel wird plötzlich wichtig, ähnlich, wie wenn sich ein Gewitter zusammenzieht, doch jetzt ist es viel friedvoller. Die Nacht ist klar und der Himmel so nah.

Es ist nicht mehr eine einzige Sonne, die da auf mich herunterscheint. Es sind viele, unzählige. Jede ein Licht am Ende eines kosmischen Tunnels. Und welch ein helles Licht muss das sein! Die kleine Gartenwelt wird unter den Sternensonnen noch einmal weiter, kosmischer. Und mir wird bewusst, dass der Nachtblick weit über den Tagesblick hinausgeht. Aber ich fühle mich nicht klein. Ganz und gar nicht. Ich stehe da, am anderen Ende dieser vielen Sternentunnel, und bin ein Teil davon. Der Kosmos konzentriert sich auf mich, auf dieses Tunnelende, das ich bin, und auf meinen Garten. Diese Verbindung zu spüren, fällt mir in dieser Nacht leicht.

Es ist, als ob der Garten und ich nach oben kommunizierten. Am Tag ist das anders. Da wird nach allen Seiten kommuniziert. Da gibt es Austausch mit Würmern, Vögeln, Katzen, den Nachbarn, ein Hin und Her, ein Auf und Ab. In der Nacht ist nur das Oben wichtig. Alles andere ruht.

Zum ersten Mal spüre ich diesen Garten ruhen. Ich höre, wie alles stillsteht. Ich nehme ganz deutlich wahr, wie er aufgehört hat zu wuseln. Er liegt jetzt da und begnügt sich damit, ein Teil des Kosmos zu sein, der sich so groß über ihn spannt.

So komme auch ich zur Ruhe. Der nächtliche Besuch im Garten lässt mich ohne Umschweife in die Stille eintreten, und ich weiß: Ich werde das öfter machen.

17. Februar

Achse und Gleichgewicht

Unserem Garten fehlt ein ruhender Pol. Er ist groß, aber er »franst« aus. Seine Umfassung ist voller Ecken, es gibt kaum eine gerade Linie darin, und die gesamte Fläche ist schief. Unsere Vorgärtner haben den Garten zweigeteilt, allerdings auf eine im wahrsten Sinne des Wortes schiefe Art, und den einen Teil dann einfach ignoriert. So ist der Garten in ein Ungleichgewicht gekommen. Das ist spürbar. Wo immer ich mich auch hinstelle, ich fühle nirgends eine wohltuende Balance. Deshalb suche ich – schon seit Langem – nach einer neuen Achse.

Und ich glaube, heute habe ich sie gefunden! Beim Spazieren bin ich vor Kurzem auf den kleinen Erdhügel gestoßen, den wir nach dem Hausumbau für die Kinder liegen gelassen hatten. Auf ihn will ich heute einen steinernen Buddha setzen, sodass er zu unserem Sitzplatz am anderen Gartenende hinüberschaut. Und da ist sie plötzlich: die Achse. Sie folgt seinem Blick, schräg durch den Garten.

Ich gehe heute zum ersten Mal an ihr entlang. Schritt für Schritt. Mit jedem Schritt muss man das Gleichgewicht aufgeben und es beim nächsten Tritt neu suchen. So gelingt Fortschritt. Bei jedem Schritt kann man das Gleichgewicht auch verlieren. Das ist das Wagnis. Hier wurzelt auch die Freiheit: Man hat die Freiheit, stehen zu bleiben oder weiterzugehen.

Auf meiner neuen Gartenachse prüfe ich bei jedem Schritt nicht nur meine Balance, sondern auch das Gleichgewicht in unserem Garten. Spannt sich unsere kleine Gartenwelt wie ein Kosmos über diese Linie? Spüre ich ein Gleichgewicht zwischen links und rechts? Bildet diese Achse wirklich den Dreh- und Angelpunkt im Garten?

Mehrmals gehe ich hin und her. Wäge bei jedem Schritt ab und spüre immer mehr die Freude, die einen überkommt, wenn etwas stimmig ist. Da wächst links die neu gepflanzte Linde, rechts der alte Apfelbaum. Da steht links das Nachbarhaus in gleichem Abstand von der Linie wie rechts unser eigenes. Da liegt links die freie Spielfläche für die Kinder und rechts die freie Rasenfläche unserer Mitbewohner. Das ist eine spürbare Balance, und je länger ich auf der Achse gehe, umso mehr Ruhe bringt sie mir.

Sie liegt jetzt als Spur im Schnee vor mir. Der Schnee hilft, sich auf die wesentlichen Gartenelemente zu konzentrieren. Deshalb ist es einfacher, im Winter nach solchen wichtigen Gartenachsen zu suchen, als zu einer anderen Jahreszeit. Ich werde im Frühling einen Weg entlang dieser Achse legen und freue mich schon jetzt auf das Gleichgewicht, das in diesen Garten einzieht.

18. Februar

Lavendel in Schuhgröße 49

Ich habe im Herbst mit der ganzen Familie die Lavendelähren geschnitten, sie in zwei flache Bastkörbe in Schuhgröße 49 gelegt und ins Treppenhaus gestellt. Wer daran vorbeigeht, darf hineintreten. Jedes Mal, wenn das geschieht, wird eine Wolke von Lavendelduft freigesetzt, die für Stunden das Treppenhaus erfüllt.

Das Verblüffende daran ist, dass auch nach Monaten noch eine Duftwolke mit unverminderter Stärke entsteht. Ich trete jeden Tag ein oder zwei Mal in diese Lavendelkörbe und staune über die Intensität des Duftes aus sommerlichen Tagen. Und erstaunlich ist auch, wie der Lavendel alle anderen Gerüche im Treppenhaus überdecken kann, ohne je aufdringlich zu wirken. Egal, ob es einmal muffig riecht, die Nachbarin ein Knoblauchfestival im Backofen veranstaltet oder die Katze in eine Ecke gepinkelt hat – der Lavendel vermag alles zu harmonisieren. Es steckt offenbar unendlich viel Kraft in jeder Zelle dieser Ähren. Und mit einem einzigen achtsamen Schritt kann jeder sie herbeizaubern. Es ist ein bisschen wie Sommer machen, ein paar Atemzüge lang. Ein Duftzauber für Zauberlehrlinge.

Mich erinnert der Lavendel in Schuhgröße 49 auch an den Rhythmus, der allem innewohnt, dem Werden, Sein und Vergehen. Und auch die Winterzeit hat bald ein Ende. Die Jahreszeiten sind die großen Atemzüge der Natur. Ist die eine vorbei, kommt die nächste. Darauf ist Verlass.

21. Februar

Kamelien, bitte warten!

Heute hat sich die erste rosa Blüte unseres kleinen Kamelienbäumchens geöffnet. Ich habe seit Wochen darauf gewartet. Ich erinnere mich, wie ich um die Weihnachtszeit die Knospen entdeckt habe. Sie sind schnell größer geworden – und dann lange verschlossen geblieben. Warten war angesagt. Jetzt stehe ich vor dem nur dreißig Zentimeter großen Bäumchen im Wintergarten und staune über die Pracht dieser ersten Blüte. Zwei weitere Blüten zeigen bereits rosa Spitzen. Und nochmals zwei entdecke ich erst jetzt unter den dicken grünen Lederblättern. Der grüne Wintergarten hat nun ein rotes Zentrum erhalten. Der japanische Jasmin

blüht zwar immer noch, und sein Duft steigt mir angenehm in die Nase, aber seine Wolke ist jetzt nur noch Rahmen für die Kamelienblüte.

Am liebsten würde ich diese herrliche Blüte mit in die Wohnung nehmen. Aber ich weiß, dass das nicht geht. Sie würde abfallen, und das kleine Bäumchen würde leiden. Kamelien muss man stehen lassen, wenn sie einmal blühen! Zuerst lassen sie einen warten, dann muss man sie stehen lassen, und dann hegt und pflegt man sie wieder ein Jahr lang, um wieder zu warten und sich in Geduld zu üben.

Kamelien sind altmodische Pflanzen. In Zeiten der E-Mails und der Hochgeschwindigkeitszüge erscheint uns das Warten als antiquiert. Aber die innere Entwicklung der Kamelie, die schließlich zu dieser prachtvollen Blüte führt, ist eine langsame, genau wie unsere eigene. Wir kommunizieren zwar so schnell wie noch nie, bewegen uns hastig, aber zur Blüte finden wir nur langsam. Das ist so. In meinem Inneren gibt es keine Überholspuren und Breitbandverbindungen. Ich bin wie die Kamelie. Jetzt, vor dieser rosa Blüte stehend, ist das zwar ein schönes Gefühl, aber die meiste Zeit ist es ein zähes Wachsen, kaum sichtbar und oft auch fragil. Ich habe meine Wachstumsgeschwindigkeit immer überschätzt. Zuerst habe ich in Monaten gerechnet. Dann in Jahren. Jetzt bin ich bei Dekaden.

Diese Langsamkeit der inneren Entwicklung ist mitunter schwer zu ertragen, vor allem angesichts des Tumultes in der übrigen Welt. Aber vielleicht ist gerade der Garten der Ort, an dem diese unterschiedlichen Geschwindigkeiten am besten begreifbar werden. Jahreszeiten lassen sich nicht überspringen. Auch Bäume brauchen ihre Zeit, bis sie Schatten spenden. Und jeder neue Garten braucht mindestens fünf bis zehn Jahre, bis er eine innere Harmonie entfaltet. Der indische Dichter und Philosoph Rabindranath Tagore schrieb: »Der Dumme rennt, der Kluge wartet, der Weise geht in den Garten.« Deshalb: Wenn es wieder einmal nicht vorangeht in mir drinnen, werde ich die kleine Kamelie besuchen und sie grüßen mit den Worten: »Nächstes Jahr im Februar schauen wir weiter.«

2. März

Nach innen tasten

»Der ursprünglichste Sinn ist der Tastsinn«, hat mein Meditationslehrer einmal gesagt. Das geht mir heute durch den Kopf und durch die Fingerspitzen, während ich Schneeglöckchen pflücke. Sie fühlen sich kühl an und weich. Ich pflücke ein Dutzend aus dem Teppich unter den Hortensien, um sie als Frühlingsstrauß mit Weidenschößlingen in eine Vase zu stellen. Samtweich liegen die Blätter nun in meiner linken Hand und fühlen sich an wie ein kleines, kühles Tier.

Beim Zusammenstellen des Straußes und beim Ausrichten der einzelnen Stängel in der Vase ist meine Achtsamkeit wieder bei den Augen. Erst als ich erneut unten im Garten bin und die großen Weidenäste zusammenbinde, ist mein Bewusstsein wieder in den Fingerspitzen. Diesmal gleiten sie eine geflochtene Hanfschnur entlang, mit der ich die Äste zusammenfassen will. Wie weich dieser Faden ist und doch auch spröde! Dieses Gefühl der Schnur steigt mir den ganzen Arm hoch und geht bis ins Rückenmark. Und ich frage mich plötzlich, was außen und was innen ist?

Dieses Gefühl der weich-spröden Hanfschnur ist eindeutig innen. Die Schnur selbst ist außen, aber ihre Qualität ist in mir drinnen. Das Gleiche gilt für die Schneeglöckchen. Sie wachsen draußen, im Garten. Und wenn ich vom Küchenfenster auf sie hinunterschaue, sagen mir meine Augen: Da draußen blühen die Schneeglöckchen. Aber sobald ich sie in der Hand halte und ihre Weichheit und Kühle spüre, sind sie in mir drinnen. Und auch vorher beim Schneiden der Weidensprösslinge und Äste: Was ich in meiner rechten Hand als Druck der Schere gefühlt habe, war die Kraft dieser Weiden, war die Stärke der dicken Äste und der geringere Druck der jungen Triebe. Die Kraft dieser Weiden war in mir drinnen, obwohl draußen jetzt der kahle Stamm dieser Kopfweide steht.

Wer sich vom Schneeglöckchen und Hanfseil berühren lässt, wer diesem Spüren etwas nachsinnt, der findet diesen inneren Garten ebenso leicht wie den Garten draußen. Wir sind Teil der Natur, so, wie die Natur Teil von uns ist.

8. März

Stricke lösen

Durch winzige Kanäle direkt unter der Baumrinde fließen Nährstoffe und Wasser von den Wurzeln in die Baumkrone. Das Innere des Stammes hingegen ist verholzt. Dort fließt nichts mehr.

Heute löse ich die Stricke, die diesen Fluss stauen könnten, von den Mispeln. Die Stricke sind aus Kokosfasern, damit sie den jungen Bäumen nicht ins Fleisch schneiden. Sie verbinden die Bäume mit ihren Stammhaltern, alten Holzpflöcken, die ich in die Erde gerammt habe. Sie geben Halt in stürmischen Nächten – und an Tagen, an denen stürmische Kinder herumtoben.

Ich löse die Stricke jedes Jahr und binde sie lockerer wieder an. Am besten im Januar oder Februar, wenn noch kein Saft fließt. Nach drei oder vier Jahren, je nach Stärke des Stämmchens, löse ich sie dann ganz. Danach muss der junge Baum frei stehen.

Lösen und wieder anbinden. Jedes Jahr die Stricke etwas lockern, aber sie erst nach Jahren ganz entfernen. So geht es auch mir. Loslassen und wieder festhalten. Jahrelang üben, bis ich ganz loslassen kann. Jahrelang spüren, dass da immer noch Stricke sind, aber auch sehen, wie sehr ich diese Stricke noch brauche. In vielen spirituellen Ratgebern wird das Loslassen als großer, einmaliger Akt gepriesen. Ich erlebe das anders: Bedachtsam und äußerst vorsichtig löse ich die Stricke. Wachstum, auch inneres, ist für mich ein langsamer Prozess.

15. März

Endlichkeit

Es ist Mitte März. Endlich kann ich die Staudenstängel schneiden. Mein Gartenfachmann hat mich zum Warten angehalten, weil er sagt, dass Insekten in den Stängeln überwintern. »Wie sollen die wilden Bienen und Schmetterlinge je ausschlüpfen, wenn man ihre Winterquartiere häckselt oder kompostiert?«, hat er gemeint. Aber jetzt ist es Zeit – endlich.
Ich schneide die hohen, fast holzigen Stängel des Blutweiderichs, lasse sie ins Beet fallen, sehe, wie noch ein paar Samen herausrieseln. Dann nehme ich den ganzen Bund und schlendere gemütlich über die Wiese, Samenstände nach unten, damit auch noch die letzten

herausfallen, und lege sie dann auf unseren Schnittholzhaufen. Und so mache ich es auch mit den Nachtkerzen. Die geschnittenen Gräser hingegen bündle ich zu einer Garbe. Vielleicht kann ich sie zum Dekorieren gebrauchen.

Während ich langsam das Staudenbeet verjünge, die alten Gräser abschneide, damit die jungen Luft und Licht haben, merke ich, dass nicht nur ich endlich bin, auch die Natur ist es. Gleichzeitig spüre ich auch – gerade bei diesen Arbeiten –, wie ungeheuer groß die Kraft der Natur ist. Sie ist nicht nur spürbar, sondern auch in Form kleiner Sprösslinge sichtbar, die überall zwischen den alten Stängeln emporwachsen. Wie leicht fällt es einem hier, zu glauben, dass sich die Natur immer wieder erholen wird, dass diese Kraft unerschöpflich ist, dass die Natur es schon richten wird, egal, wie nachlässig der Mensch mit ihren Ressourcen umgeht – dass sie es richten wird, mit oder ohne uns.

Aber hier beim Schneiden dieser Gräser geht mir auf, dass auch die Natur endlich ist. Und zwar die Natur als Ganzes. Auch sie hat ihren Anfang, ihre Dauer und ihr Ende. Diese Gräser sind endlich, ich bin endlich, die Natur ist endlich. Aber es gibt etwas, das unendlich ist. Das ist ebenso klar. Aus ihm heraus entstehen Gräser und Menschen – die ganze Natur. Diese Unendlichkeit ist im Garten manifestiert.

18. März

Perfektion, aber maßvoll bitte

Ich habe einen kleinen, sehr kleinen Kiesweg angelegt. Er führt um ein Rosenbeet herum und grenzt an den asiatisch inspirierten Teil des Gartens. Deshalb ist das Stückchen Weg streng eingefasst mit einem Stahlrahmen. Und eingebettet in die schönen runden Kieselsteine sind Trittsteine. Es sind alte Steine aus längst vergangenen Tagen und ein paar neue aus dem Steinbruch im Wald hinter dem Haus. Ich habe sie versetzt verlegt, sodass es aussieht, als wäre ein Zen-Gärtner vorbeigekommen und hätte ein paar Steine zurechtgerückt.

Jetzt sitze ich auf einem dieser Trittsteine und klaube mit zwei Fingern die Sprösslinge der wilden Geranien, des Löwenzahns und der Jungfern im Grünen heraus. Hunderte sind im feuchten Sand unter dem Kies aufgegangen. Es ist Feinarbeit, Übungen im Pinzettengriff, wie sie die ganz kleinen Kinder üben, wenn sie ihre Feinmotorik zu schulen beginnen. Ich liege, sitze, knie auf diesem Weg und ziehe ein Pflänzlein nach dem anderen aus dem Boden. Und auch die Blattreste und die Stücke abgebrochener Rosenzweige, die dürren Halme und sonst noch dies und das entferne ich, damit … ja, weshalb eigentlich?

Um die perfekte Gartenwelt zu schaffen? Eben habe ich die Gartenbeilage unserer Sonntagszeitung gelesen und dort sind sie alle abgebildet: die perfekte Welt eines japanischen Vorzeigegartens, die luxuriöse Designerliege für den Garten, die noch keinen Regen, keinen Herbst gesehen hat, der perfekte Schwimmteich, vielleicht noch etwas nachkoloriert am Computer, mit glücklichen, perfekten Kindern, die darin strahlend und friedlich planschen. Und jetzt finde ich mich hier, kauernd auf zwei Quadratmetern Weg, zupfend, jedes Steinchen zurechtrückend, um ein perfektes Stück Garten zu erschaffen!?

Morgen wird es schneien. Eine Woche Frost ist angesagt. Danach dürfte der Frühling definitv ins Land ziehen. Auch wird der Fuchs wieder in unseren Garten kommen und auf diesen einen Stein meines perfekten kleinen Weges, auf den, der etwas höher aus dem Kiesbett ragt als alle anderen, seine Losung setzen: einen kleinen Kegel, der ganz außerordentlich intensiv riecht. Und die noch nicht aufgegangenen Samen werden sprießen. Und mein kleiner Sohn wird im Kiesbett herumstampfen und mit seinem Schäufelchen werken. Und der Bambus am Rand wird aus seinem Schutzbehälter ausbrechen und seine Sprossen durch meinen Weg stoßen. Und nichts wird perfekt sein – außer auf dem einen Bild, das ich eben geschossen habe.

Ich höre auf mit dem Zupfen. Ganz perfekt soll der Weg gar nicht sein. Er soll bewusst unvollkommen sein, so wie die japanischen Zen-Gärten, auf deren Kiesel die Mönche am Schluss, wenn sie alles perfekt gerichtet und aufgeräumt haben, noch ein paar Blätter legen. Mir scheint, dass dieser Perfektionismus aus einer anderen Zeit stammt. Heute, so meine ich, geht es eher darum, das Unvollkommene in allem, vor allem in unserem menschlichen Tun, zu erkennen und es uns bewusst zu machen. Perfektionismus ist Schein und niemals ein Dauerzustand. Alles, was lebt, ist unvollkommen und soll auch so sein. Weniger liebenswert ist es nicht, im Gegenteil, wer liebt schon den perfekten Garten? Die Toten vielleicht, die Lebenden sicher nicht.

Heim zur Quelle

Wer kennt es nicht: Frühmorgens auf der Matratze zu liegen und das Gefühl zu haben, von einem Traktor überfahren worden zu sein. So fühle ich mich heute. In Kombination mit einer ellenlangen Liste unerledigter Arbeiten, die im Büro auf mich warten, ist das ein denkbar schlechter Start in den Tag. Also gehe ich zuerst in den Garten. Entgegen den Prognosen strahlt die Sonne. Ich trete hinaus. Frische Luft füllt meine Lungen. Ich ziehe meine Handschuhe über und stecke das japanische Gartenmesser ein. Heute will ich dem Weg, der hinten um das Haus herumführt, wieder klare Konturen geben, will jäten, wo er einzuwachsen droht.

Ich knie nieder. Die Kieselsteine unter meinen Knien fühlen sich kühl an. Ich beginne zu schneiden, zu zupfen und auszureißen: dort einige Nachtkerzensprösslinge, da etwas kriechenden Hahnenfuß, ein paar wenige wilde Erdbeeren, Quecke und Löwenzahn. Dabei bewundere ich die Kiesel. Sie liegen da, tun nichts – müssen nichts tun. Die Millionen Jahre alten Steine strahlen Ruhe aus. Rundgeschliffen vom weichen Wasser, ruhen sie in sich selbst.

Dann höre ich die Vögel. Erst jetzt dringen ihre Frühlingsmelodien an mein Ohr. Sie singen einfach und tun nichts weiter, auch sie haben keine Aufgaben zu erfüllen.

Und ich krieche weiter, finde langsam die klare Linie des Weges und höre auf, an die Arbeit zu denken, reiße einfach aus, was hier nicht hingehört, halte mich an die Linie und gewinne Klarheit. Es ist ein Ankommen, eine Erdung. Eine Rückkehr zur Quelle. In dem Moment bin ich da, wo ich bin – wie die Kieselsteine. Es ist ruhig hier, obwohl ich die Vögel höre und auch die Autos, aber da, wo ich jetzt bin, ist es friedlich. Ich kann jetzt in Ruhe weiterarbeiten, muss nichts mehr und bin nichts mehr. Ich sehe mich, hier auf den Knien, zufrieden mit mir selbst, nicht mehr getrennt von irgendetwas, vollkommen im Frieden.

6. April

Jäten und Wut

Jäten ist für mich das Schwierigste. Ich stehe vor dem Rosenbeet und sehe, wie das Unkraut sprießt. Die Steinplatten, die rund um das Beet im Rasen liegen, sind zum Teil mit Gras überwachsen. Also löse ich zuerst einmal diese Grasschichten. Das tut gut – zunächst. Sie lösen sich wie Teppiche von den Steinen, und der Weg wird langsam wieder erkennbar. Ich hacke eisern – und bin schon nach fünf Platten erschöpft und verspannt. Vor allem im unteren Rücken spüre ich verkrampfte Muskeln. Jäten ist mühsam!

Also beginne ich mit dem Beet. Hier gibt es Zaunwinden, Katzenschwänze und Sonnenröschen. Alle wuchern und müssen gejätet werden. Dazwischen lugen die Stummel des Katzenschwanzes mit seinen tiefen Wurzeln, die man niemals ganz ausreißen kann, hervor. Und dann noch ein eingeschlepptes, ausländisches Sonnenröslein, das tut, wozu es hierhergebracht wurde: den Boden bedecken. Ich spüre, wie Frustration und Ärger in mir aufsteigen. Und weiter unten fühle ich auch Wut.

»Wenn Sie Mühe haben, in Ihrem Garten den Wildwuchs auszureißen, dann werden Sie wahrscheinlich auch Schwierigkeiten mit Unkräutern und Wildwuchs in Ihrem Inneren haben«, habe ich mal gelesen. Ich habe es mir gemerkt, weil es zutrifft. Insbesondere mit Wut und

Ärger habe ich Mühe, die zeige ich nicht gern, und so können sie in meinem Inneren weiterwuchern. Ähnlich wie das Sonnenröslein im Rosenbeet. Dabei würde das Säubern so guttun.

Ich beginne, mich den Plattenweg entlang zu arbeiten, fülle Weidenkorb um Weidenkorb. Dabei fällt mir auf, dass es immer wieder dieselben vier, fünf Unkräuter sind, die einem das Leben schwer machen. Es ist genau wie bei mir selbst: Stets tauchen dieselben Schwächen auf und müssen bearbeitet werden. Im Garten kann ich einige davon, wie das Sonnenröslein und den Hahnenfuss, ausreißen, andere, wie den Katzenschwanz, muss ich wachsen lassen.

Das Jäten macht mich schnell müde. Heute finde ich den Arbeitsrhythmus nicht. Ich spüre zwar die Wut, die da heraus möchte, spüre aber auch, dass ich mich heute nicht von ihr befreien kann. So bleibt die obere Ecke des Beetes voller Sonnenröslein. Soll ich sie vielleicht sogar stehen lassen? Die Frage ist verführerisch. Wie leicht gebe ich mich der Illusion hin, dass dieses bisschen Unkraut wohl nicht schadet. Das ist jedoch Trug! Ich will hier ein Rosenbeet mit Akelei und Rittersporn! Das Sonnenröslein hat keinen Platz! Ich werde es herauszupfen – vielleicht morgen …

7. April

Kinderarbeit rückwärts

Mit ihren kleinen Schubkarren haben die Kinder Ende Herbst Kies vom Kiesweg im Garten verteilt. Jetzt, nachdem der Schnee geschmolzen ist, sind die Häufchen wieder zum Vorschein gekommen. Ich hole die kleine Schaufel und den Handbesen, kehre die Kieselsteine zusammen, schiebe sie auf die Schaufel und lasse sie in einen großen, leeren Blumentopf in einer entfernten Ecke des Gartens gleiten.

Die Kinder haben drei, vier Häufchen zum Spielen aufgeschüttet, und jeder Haufen ergibt sechs oder sieben Schaufelfüllungen. Es ist eine gemächliche Arbeit. Sie bringt mich in einen langsamen Rhythmus des Tuns. Ich sehe die Kinder vor mir, wie sie mit ihren Spielzeugschubkarren gewerkelt haben – ganz in ihre Bautätigkeit versunken. Und so versinke auch ich jetzt.

Ich mache Kinderarbeit, nur umgekehrt. Ich räume nicht hinter ihnen her. Ich kehre die Kiesel zusammen, wie sie, und bringe sie an einen Ort, den ich gewählt habe. Ich bin nicht schneller als sie. Weil die Schaufel so klein ist, arbeite ich in ihrem Tempo. Und ich gehe viele Male bewusst die Wege zwischen dem Blumentopf und den Kieshaufen, fünf Stufen hinunter und wieder drei hinauf – drei hinunter und wieder fünf hinauf.

So versinke ich ganz in meinem Arbeitsrhythmus. Die innere Ruhe kommt dann ganz von allein. Beim dritten oder vierten Mal Hin- und Hergehen spüre ich sie. Plötzlich ist sie da. Sie ist immer da, nicht nur draußen vor der Tür, sondern überall, aber wir gehen meist an ihr vorbei. Heute tue ich das nicht! Ich entdecke diese Ruhe wieder. Merke, wie groß sie eigentlich ist und wie nah! Ich muss fast laut lachen: Da drücken wir jeden Tag tausend Knöpfe, nehmen Termine wahr, führen wichtige Gespräche, bearbeiten Dossiers, halten dem Informationswirrwarr stand – und draußen vor der Tür ist dieser stille, große Raum immer da. Und das Einzige, was es wirklich zu tun gibt, ist, sich zu öffnen für diesen Raum, damit er seine wohltuende Ruhe auch in uns entfalten kann.

Mir haben die Kieselsteinhäufchen der Kinder heute geholfen, diese Tür zu öffnen. Vielleicht komme ich auch das nächste Mal in diesen ruhigen Raum, wenn ich abends im Garten die Tageswerke, Ordnungen und Unordnungen meiner Kinder wieder zusammensammle.

13. April

Eins nach dem anderen

Die Gartenarbeit springt mich an wie ein Tiger. Wohin ich auch schaue: Arbeit, Freuden, Lust, etwas zu tun. Heute kümmere ich mich nur um eine kleine Ecke. Sie liegt am Ende eines langgestreckten Rosenbeets, dort laufen eine Betonmauer und eine Pflasterstraße spitz zusammen. Und an dieser Spitze will nichts recht wachsen. Deshalb möchte ich dort einen schönen Topf mit Sand füllen und darin abends Räucherwerk anzünden.

Ich bereite die Ecke vor. Schürfe ein wenig Humus ab, ebne den kleinen Platz. Dann hole ich den Topf, den ich schon lange im Auge habe. Es ist ein kunstvoll verzierter Übertopf, der auf unserem Kleiderschrank steht. Ich hole ihn herunter und frage, bevor ich ihn in den Garten trage, Manja nochmals um ihre Zustimmung. Sie fragt nach dem Wohin und Wofür, und ob er denn nicht vermoose dort unten? … Und entscheidet sich schließlich für »lieber nicht, lieber auf den Balkon«.

Mit leeren Händen gehe ich wieder nach draußen. Er hätte so gut dorthin gepasst, denke ich. Aber wer fragt, darf die Antwort nicht scheuen. Und es ist ihr Topf, sie hat ihn gekauft und geschätzt in den letzten Jahren. So ist es. Und in dem Augenblick, in dem ich das »so ist es« klar sehe, verschwindet die Enttäuschung.

Ich suche einen anderen passenden Topf und finde ihn im Wintergarten. Allerdings wächst darin ein großer Feigenkaktus, der jedoch sowieso umgetopft werden muss. So ist es im Garten: Das Eine zieht das andere nach sich. Zudem ist der Topf kaputt. Zwei Scherben sind aus dem Rand herausgebrochen und liegen in der Blumenerde. Das heißt: Leim holen, zusammenfügen, warten. Aber: Eins nach dem anderen!

Zuerst trage den Feigenkaktus zum Umtopfen ins Freie, schäle die Pflanze aus ihrem Topf und bringe diesen schönen, blau bemalten Pot zu meinem kleinen vorbereiteten Platz. Er passt. Ich fülle ihn mit Kieseln und

bedecke die Kiesel mit feinem Sand. Jetzt kommt das Leimen. Eines nach dem anderen. Die Scherben passen erstaunlich gut ineinander, obwohl sie schon jahrelang herumliegen. Fertig!
Als Nächstes ist das Umtopfen an der Reihe. Der neue große Topf für den Kaktus steht schon bereit, in ihm allerdings noch drei kleinere. Ich versuche, sie herauszuhieven, aber sie klemmen. Ich klopfe vorsichtig gegen den Topf, löse die kleineren langsam voneinander. Es geht alles nicht so schnell, wie ich dachte. Doch dann habe ich ihn befreit, gehe zum Gemüsebeet und fülle ihn dort mit frischer Erde. Gehe zurück, sehe, dass zwei Lavendelstöcke arg gebeutelt aussehen, und will mich schon bücken – aber eines nach dem anderen. Ich bücke mich nicht, sondern gehe zurück zu meinem Kaktus. Aber ich habe zu wenig Erde geholt! Wieder gehe ich zurück zum Gemüsebeet, fülle Erde ein, steige über die Lavendelstöcke hinweg, ignoriere sie nicht, aber lasse sie sein – für den Moment. Zurück zum Umtopfen, das abschließen. Fertig!

Ich bin kein Schäfer

Es regnet seit fast drei Wochen – nicht immer, aber meistens. Die sonnige Seite des Aprils ist die seltene. Der Regen erinnert mich an eine Weisheitsgeschichte von Anthony de Mello. Sie handelt von einem Schäfer, der gelernt hat, dass das Wetter nicht immer so wird, wie er es sich wünscht. Deshalb hat er beschlossen, immer genau das Wetter zu mögen, das er bekommt. Und so antwortet er, als ein Wanderer ihn nach dem Wetter fragt, dass das Wetter so werden würde, wie er es mochte.

Auch heute regnet es. Und ich bin kein Schäfer! Das Wetter frustriert mich heute morgen. Anstatt um sechs Uhr aufzustehen, bleibe ich bis halb acht dösend liegen. Im Radio melden sie, dass die Donau über die Ufer getreten ist und Tausende von Häusern in Rumänien zerstört hat. Dort gibt es viele Schäfer. Sind sie schlimm betroffen?

Ich ziehe mein Regenzeug über und stapfe in den Garten. Es regnet weniger stark, als ich gedacht habe. Aber der Boden trieft. Die Schnecken freut es, sie sind überall. Ich betrachte die Beete und Sträucher: Die Knospen verharren. Die Stauden machen Pause. Es ist nicht nur nass, sondern auch kalt. Nur die Forsythie blüht leuchtend gelb. Ich stelle mich vor sie, betrachte ihren Wuchs und freue mich, dass ich sie letztes Jahr richtig beschnitten habe.

Ich schneide einen großen und einen kleinen Zweig fürs Büro und drei mittlere für die Wohnung ab, trage sie ins Trockene und stelle sie in die Vasen. Kaum bin ich drinnen, beginnt es wieder stärker zu regnen. Nein, ein Schäfer bin ich nicht! Aber einmal so deutlich zu spüren, wie stark meine Stimmung vom Wetter abhängt, ist auch heilsam. Ich fühle förmlich, wie mein Schwung für den neuen Tag im Regen versinkt. Wie ich die Sonne durch viel Kaffee und Tee ersetzen möchte. Wie ich neidisch werde auf meine Freunde in Thailand, die jetzt am Strand liegen. Und wie ich Mitleid empfinde für die Rumänen, deren Land untergeht.

Der Jesuitenpater Anthony de Mello schreibt am Schluss seiner Schäfergeschichte, dass es immer an uns liege, in den Dingen Glück oder Unglück zu sehen, egal, was geschehe. Ich möchte hinzufügen: Es ist auch erlaubt, sich ab und zu für das Unglück zu entscheiden. Vor allem, wenn einem bewusst ist, dass es nur das Wetter ist, das einem die Stimmung vermiest.

22. April

Eine zweite kopernikanische Wende

Es regnet immer noch. Aprilwetter, sogar mit Graupel und Schnee bis hinunter an die Bergflanken. Doch die letzte Nacht war klar, und jetzt geht die Sonne auf. Die ersten Strahlen des Morgens fallen nur in eine einzige Gartenecke. Dort stehe ich, die Hände in den Jackentaschen, wo es warm ist, die nassen Stiefel an den Füßen. Meine Jacke ist schwarz. Sie wirkt wie ein Sonnenkollektor.

Die Sonnenstrahlen fallen mir ins Gesicht, und ich atme sie ein. Es dauert ein paar Minuten, bis ich ihre Wärme spüre. Während dieser Aufwärmphase höre ich das tiefe Brummen von Lastwagen, aber auch Vogelgezwitscher und Lärm, die mich noch ablenken. Dann rückt die Wär-

me mehr und mehr in den Fokus. Ich entspanne mich in ihr. Gesicht und Oberkörper recken sich der Sonne entgegen. Die Wärme beginnt mich zu füllen. Ich lasse sie in mich hineinfließen.

Dann stelle ich mir vor, ich wäre selbst die Sonne. Ich strahle zuerst über die Wiese vor mir. Es fühlt sich an, als wäre ich eine Welle, die sich über das Gras ergießt und dann die Hausmauer emporschwappt. Ich ergieße mich durch die Fenster und fülle die Räume mit Licht. Danach strahle ich mich selbst an. Ich merke, dass das schwieriger ist. Und ich stelle fest, dass ich mich bloß von außen anstrahle – wie eine Lampe. Doch wie strahlt es sich von innen? Wieder kommt das Gefühl der Welle auf. Sie fließt im Inneren zu meinem Kopf und durchströmt mein Gehirn. Sie fließt zum Herzen. Ich schicke sie zum Darm, wo sie eine alte Verletzung heilen soll, dann hinunter in die Füße. Die sind am kältesten, und es dauert eine Weile, bis das Licht dort wirkt. Und zum Schluss meiner Meditation versuche ich, das Licht all jenen zu schicken, die mir nahestehen. Buddhisten würden weitergehen und das Licht auch ihren Feinden schicken – das schaffe ich noch nicht.

Diese Sonnenmeditation ist wie eine zweite kopernikanische Wende. Die erste kopernikanische Wende brachte die Erkenntnis, dass wir uns um die Sonne drehen. Aber wir drehen uns immer noch um unser eigenes Ich, anstatt um die Sonne in uns. Wenden wir uns!

Flechtwerk

Ich stehe im Regen und flechte an einem Zaun aus goldgelben Weidenruten, die wir gesammelt haben. Nachdem das erste Bündel bloß dreißig Zentimeter Zaun ergeben hatte, mussten wir mehr Ruten suchen. Wir haben sie entlang der Bahnlinie gefunden,. Aber diese Ruten lassen sich nicht mehr so gut biegen und brechen häufig. Sie sind nicht mehr frisch.

Trotzdem flechte ich weiter. Es ist ein altes Handwerk. Wenn ich die nassen Ruten in die Hand nehme, fühle ich mich verbunden mit all jenen, die vor mir geflochten haben. Es tut gut, solche Traditionen fortzuführen.

Aber ich staune. Wie viel Arbeit in ein paar Zentimetern geflochtenem Zaun steckt! Heute kauft man Zäune im Baumarkt per Laufmeter, rammt ein paar Pfähle in den Boden und spannt sie auf. Es muss alles schnell gehen – und dann dauerhaft sein. Ich kenne Gartenzäune aus Maschendraht, die stehen seit ich ein Kind war an ihrem Platz. Sie haben seither niemals etwas durchgelassen, weder Mensch noch Tier.

Die geflochtenen Zäune aus Weiden sind da ganz anders. Schon beim Flechten weiß ich um ihre Vergänglichkeit. Zuerst wird ihr goldenes Gelb verschwinden und schwarz werden. Dann werden sie spröde und brechen. Und in zwei oder drei Jahren werde ich wieder hier stehen und den Zaun neu flechten. Ich freue mich schon darauf. Die Weiden werden mir wieder die Zeit geben, mit den Händen zu arbeiten, etwas Sinnvolles zu tun, mich am neuen Gelb zu erfreuen, über die Biegsamkeit zu philosophieren und mich in die Tradition der Flechter einzureihen, mich verbunden zu fühlen mit denen vor mir.

Mit den Händen zu flechten bringt Zeit. Zäune zu kaufen nimmt Zeit. Mein Sohn sieht das anders. Er will zwar Handwerker werden, mir aber nicht beim Flechtwerk helfen. Lieber spielt er an seinem Computer. Ich lasse ihn und flechte weiter. Schließlich habe ich auch mehr als vierzig Jahre gebraucht, um das Flechthandwerk zu entdecken. Jetzt kann ich es genießen.

Eine Begegnung mit dem Buddhismus

Gekauft haben wir ihn in Siem Reap, in der Nähe von Angkor Wat: einen sitzenden Buddha aus rotem Sandstein, etwa siebzig Zentimeter hoch, die rechte Hand auf dem Knie, schützend. Junge Handwerker haben ihn aus dem Stein gemeißelt. Es gibt in Kambodscha jetzt wieder viele, die diese alte Khmer-Kunst beleben.

Von Kambodscha aus ist er über die Weltmeere gefahren, in Hamburg gelandet und von dort im Zug und zuletzt mit einem Lastwagen bis vor unsere Haustür gereist. Wir haben auf ihn gewartet und uns zwei Monate lang auf seine Ankunft gefreut.

Im Februar ist er angekommen. Wir lösten die Holzschrauben und hoben den Deckel seiner Kiste an – er lächelte dort drinnen, so, wie er immer lächelt. Und wie er so aus seiner Kiste strahlte, brachte er auch uns zum Lachen. All die fröhlichen Kambodschanerinnen und Kambodschaner, denen wir begegnet sind, fielen uns wieder ein. Es war eine gute Zeit in diesem Land!

Bei seiner Ankunft lag noch Schnee, den er wohl noch nie gesehen hatte. Wir packten ihn nicht ganz aus, sondern legten ihn mit seiner Kiste auf den Schlitten und schoben ihn über den Vorplatz, hievten ihn die drei Stufen zum Garten empor, schwitzten, bewahrten ihn vor dem Abrutschen, fuhren mit ihm über die Wiese und stellten ihn nach mehr als einer Stunde harter Arbeit vor den kleinen Hügel. Dort oben, einen Meter über dem Wiesengrund, sollte er nun sitzen. Mit aller Kraft und heißem Schweiß im kalten Winter zogen und schoben wir ihn den Hügel hinauf und ließen ihn schließlich auf die kleine Sandplattform gleiten, die wir für ihn angelegt hatten.

Seither sitzt er dort. Seine Ruhe strahlt mindestens dreißig Meter weit. Diese schlichte Steinskulptur beeinflusst die Stimmung im Garten auf großartige Weise. Harmonie und Frieden sind spürbar und immer gegenwärtig – einfach da. Seit es Frühling geworden ist, bringen ihm die Kinder Blumen. Sie setzen sich auf seine Knie. Sie bestreuen ihn mit Sand. Sie streicheln seinen Kopf. Fast jeden Tag, wenn sie im Garten sind. Wir Erwachsenen entzünden ab und zu ein Räucherstäbchen vor ihm. Nachbarn sprechen uns auf die schöne Statue an. Und Nachbarskinder kommen auch herüber und machen ihre wahrscheinlich erste Begegnung mit dem Buddhismus.

12. Mai

Tod und Essenz

Ich bin kaum fünf Minuten im Garten und habe die erste Pfefferminze eingepflanzt, da erzählt mir unsere Nachbarin vom Sterben eines Bekannten. Inmitten dieser Wucht von Leben – so üppig wuchsen die Pflanzen seit Jahren nicht mehr im Garten – trifft mich die Wucht des Todes.

Ich hole ein Räucherstäbchen, trage es zum Buddha auf dem kleinen Hügel und zünde es an. Dabei denke ich an den Sterbenden. Er hat Mühe mit dem Loslassen, stammt aus einer Generation, in der es nach dem Krieg nur aufwärts ging und der Tod aus dem Blickfeld entschwand. Jetzt ist er da.

Der Sandelholzduft ringelt sich durch die bewegte Luft. Der Buddha lächelt. Er wird noch dasitzen und lächeln, wenn auch ich tot sein werde. Ich fürchte mich weniger vor dem Tod als vor dem Ende des Lebens. Ich möchte noch so vieles tun und erfahren! Das Sterben mahnt mich, es jetzt zu tun und jetzt zu erfahren. Auch ich verschwende noch viel zu viel Zeit mit Nebensächlichem und Unwichtigem.

Aber während ich den Schlieren und Kringeln des Sandelholzrauches nachblicke, wird mir auch bewusst, dass alles Leben über den Tod hinaus wirkt. Es verändert nur seine Form. Es wird luftig. Aber es bleibt weiterhin da. Sogar später, in der anderen Ecke des Gartens, beim

Gießen, steigt mir einen Augenblick lang der Duft von Sandelholz in die Nase: Das Leben ist wirklich da! Und es wird bleiben. Wir werden bleiben, auch ohne Körper. Mein kleiner Sohn winkt mir von der Terrasse aus zu. Er scheint in diesem Moment sehr weit weg zu sein, wie in einer anderen Welt – so wird es auch aussehen, wenn ich tot sein werde: Ich werde ihn winken sehen, in einer anderen Welt als der meinen. Aber er wird da sein, und ich werde da sein. Und ich werde mich an seinem Winken erfreuen in der anderen Welt. Und ich freue mich über sein Winken in dieser.

Die Kelten waren überzeugt, dass der Körper in der Seele wohnt. Und dass die Seele nicht sterben kann. Wenn wir das so sehen und spüren, gibt es weder die Angst vor dem Tod noch die Angst vor dem Leben. Die Rauchkringel des Sandelholzstäbchens brachten einen Hauch dieser Seele zu mir herüber.

20. Mai

Natur als Teil von mir

Die Hände, mit denen ich die Pendelhacke führe, sind Teil von mir. Mein Geist, der entscheidet, was ich damit bearbeite und was ich stehen lasse, ist Teil von mir. Aber das, was ich hacke und was ich stehen lasse, ist ebenfalls Teil von mir. So sagen es die weisen Frauen und Männer: Die Natur ist Teil von dir.

Ich hacke mir heute meinen Weg durch das Grün. Früher verlief hier ein kleiner Kiesweg am Haus entlang. Als wir vor vierzehn Jahren hier einzogen, war dieser Weg blank geputzt. Es war der Weg unserer Vorgänger. Sie mochten es so. Ihr Weg sah klar und sauber aus.

Auf unserem wachsen Malven, Jungfern im Grünen, Walderdbeeren und Primeln. Sie sind Teil von mir. Ich mag sie, erfreue mich an ihnen, und lasse sie größtenteils stehen. Den Löwenzahn reiße ich aus, die Gundelrebe ebenfalls und auch ein stachliges, gelb blühendes Kraut. Ich weiß, sie sind ebenfalls Teil von mir. Aber ich kann kein Dschungel sein. Ich brauche Wege zu mir selbst, und mit der Pendelhacke und einem großen Korb bahne ich mir diesen Weg.

So arbeite ich als Gärtner meiner selbst, entscheide, was ich fördern will, was ich pflegen will und was mir den Weg versperrt. Manchmal gibt es sogar zu viel an Schönem, Förderungswürdigem – auch da muss ich eingreifen und ausreißen oder zurückstutzen, damit die Vielheit erhalten bleibt, die ich mir für mich selbst wünsche.

So erhält Jäten eine ganz neue Bedeutung: Es geht nicht mehr bloß darum, gewisse Bilder oder Gartenkompositionen zu erhalten, sondern es geht um das Arbeiten am Selbst. Wenn die Natur Teil von mir ist, dann ist mein Garten derjenige Teil, für den ich eine besondere Verantwortung übernehme. Mit diesem Teil der Natur, meinem Garten, wachse ich besonders gut mit, hier leide ich unmittelbar, wenn etwas verkümmert. Das Aufblühen ist mein eigenes Aufblühen, das Welken im Herbst ist mein Rückzug und meine Vorbereitung auf die kalte Zeit.

Ich komme mit meiner Pendelhacke zur Hausecke. Dort biegt der Weg nach links ab. Hinter mir liegt der freigeräumte Teil. Jetzt schaue ich nach vorne. Und ich schaue auf ein unglaubliches Gewucher, die Malven stehen schon hüfthoch. Welch eine Kraft! Auch sie ist Teil von mir. Unglaublich stark!

25. Mai

Reines Wasser und Spaß

In unserem Garten steht ein Brunnen. Gestern habe ich sein Wasser abgelassen, und an seinem Grund ist eine dünne Schlammschicht zurückgeblieben. Ich habe sie herausgeschaufelt und den Schlamm als Dünger für die daneben wachsenden gelben Schwertlilien genutzt. Die Libellenlarven, die darin herumkrochen, habe ich zurück in den Brunnen gesetzt.

Heute lasse ich neues Wasser ein. Es ist ein klarer Sommermorgen, der zweite erst in diesem Jahr. Das Wasser sprudelt aus dem Brunnenrohr. Es ist ganz rein. Wir trinken immer wieder mal davon. Es ist ein Glück, an einem Ort zu wohnen, an dem reines, klares Wasser aus der Leitung fließt.

Der Brunnen füllt sich langsam, und das Plätschern belebt den ganzen Garten. Ich höre ihm zu. Wasser hat eine so ganz andere Qualität als Pflanzen! Reinheit ist eine seiner Qualitäten. Ich stelle den Zulauf ab und blicke in das klare Wasserbecken vor mir. Schaue bis auf den Grund. Sehe die Luftperlen am Brunnenrand und die Wirbel im Wasser, wie sie langsam zur Ruhe kommen. Und dann, je glatter die Wasseroberfläche wird, erscheint ein anderes Bild immer klarer: die hellgrünen und von der Sonne gelb gefärbten Bambushalme spiegeln sich darin. Sie sind im Wasser, wie so vieles. Dann sehe ich mich selbst, wie ich in den Wasserspiegel blicke. Auch ich bin im Wasser. Und das Wasser ist in mir.

Die andere Qualität des Wassers ist seine Formlosigkeit. Es ist sprudelndes Brunnenwasser beim Einlaufen, Wasserwirbel im Gefäß, stilles Wasser mit glatter Oberfläche – viele Formen und doch keine. In diesem Sinn hat es Ähnlichkeit mit der formlosen Essenz, die alles durchzieht. Seine Reinheit und seine Formlosigkeit erinnern mich daran, dass da noch mehr hinter den Dingen und in den Dingen ist.

Ich lasse den Brunnen hinter mir. Das Wasser wird sich in seinem Becken aufwärmen. Und wenn die Kinder am Nachmittag heimkommen, werden sie spritzen, gießen, planschen, schöpfen. Wasser birgt so viele Möglichkeiten, so viel Spaß und Freude!

9. Juni

Holz stapeln

Ich stehe vor einem Haufen Holzscheite und einem über mannshohen, drei Meter breiten Stahlrahmen. Unser Gärtner hat gesagt, wir sollen die Holzscheite ineinander klopfen, damit ein kompakter, standfester Stapel entsteht. Deshalb trage ich einen alten Holzhammer in der Hand und habe mir Handschuhe übergezogen – wegen der Splitter.

Ich hebe Scheit für Scheit auf, passe es ein und klopfe es in eine der Lücken. Es ist verblüffend, wie sich die Holzstücke durch das leichte Klopfen arrangieren und sich die Räume dazwischen schließen! Die ersten dreißig Zentimeter Höhe sind mühsam. Ich bin noch ungeübt, sehe nicht sofort eine passende Lücke, muss mich tief bücken. Dann finde ich den Rhythmus. Scheit auswählen, aufheben, zwei, drei Schritte bis zum Rahmen gehen, Lücke finden, einpassen, klopfen, zwei, drei Schritte

zurück zum Haufen gehen – Scheit auswählen, ab und zu ein passendes Randstück suchen, aufheben, zwei, drei Schritte bis zum Rahmen gehen, Lücke finden, einpassen, klopfen … Der Stapel wächst. Eine Stunde vergeht. Wie lange haben diese Bäume gelebt, bis sie zu Scheiten wurden? Wie viel Arbeit steckt schon in ihnen? Ich denke an das Fällen, Entasten und den Transport, an das Sägen und Spalten, jetzt das Stapeln. Und schließlich finden sie ihren Weg ins Feuer, wo sie für eine Stunde oder zwei in Flammen aufgehen.

Meine Frau stellt sich neben mich, nimmt auch einen Hammer und beginnt mitzustapeln. In ruhigem Rhythmus arbeiten wir uns in die Höhe. »Das ist eine ungeheuer befriedigende Arbeit«, sagt sie einmal. Dann setzen wir »das Auge«, einen kleinen Stahlrahmen in Form einer Linse, ein. Es nimmt der Holzwand die Brüskheit und eröffnet ein interessantes Blickfeld in den Garten hinein und aus ihm heraus, wenn man durch es hindurchsieht. Wir werden nicht müde. Wir sind am Puls der Zeit. Das Zeitmaß ist das Scheit – eines nach dem anderen. Es ist so elementar: Holz, Feuer, Eisen, Zeit. Sonne des Sommers für die Wärme im Winter. Wir halten all das in den Händen und geben es wieder weg. Augenblick für Augenblick. Und wie alles hat auch das ein Ende. Die letzten Scheite klopfen wir unter den oberen Rahmenrand. Fertig. Drei Stunden haben wir gebraucht und diesen Luxus genossen.

15. Juni

274 Rosenblüten

In sechs Tagen ist Mittsommer, aber der Sommer hat dieses Jahr noch gar nicht richtig begonnen – zumindest nicht so, dass man ihn als Hitze hätte spüren können. Aber es gab warme Tage, viel Feuchtigkeit, und deshalb sind die Pflanzen in die Höhe geschossen, wie ich es noch nie erlebt habe.
Ich gehe zu unserem weißen Rosenstock. In der Nacht hat es geregnet. Er steht in voller Blüte, doch am Boden liegen bereits Teppiche herabgefallener Blütenblätter. Es ist Zeit, die ersten verblühten Rosen herauszuschneiden.
Ich trage keine Handschuhe, sie würden nur nass werden. Eine um die andere Blüte schneide ich ab. Nach einem Dutzend beginne ich zu zählen. Schnitt für Schnitt. Das Wasser auf dem nassen Strauch macht alles weich. Nicht einmal die Dornen stechen und kratzen. Beim Schneiden tropft viel Wasser herab, und der ganze Strauch scheint aufzuatmen und sich aufzurichten.
Bald liegen hundert verblühte Rosen in meinem Korb. Am Strauch merkt man das kaum. Ich schneide und zähle weiter. Wie beglückend diese Arbeit ist! Sie hat einen Anfang, eine Dauer und ein Ende. Nichts kann schiefgehen. Niemand stoppt die Zeit, die ich dafür brauche. Es ist eine stille Zwiesprache mit dem Rosenstrauch. Er gibt mir Ruhe, ich gebe ihm Luft und Licht.

Vielleicht sollte ich Rosenstrauchschneider werden, denke ich. Aber dann nur einen Strauch pro Tag, bitte.
Jetzt liegen über zweihundert Blüten im Korb. Dieser Reichtum eines einzigen Strauches ist unglaublich. Wahrscheinlich trägt er tausend Blüten im Jahr. Wie viel tausend Blüten sind, merke ich erst jetzt. Bei zweihundertvierundsiebzig Schnitten höre ich auf. Ich stelle mich nochmals vor den Rosenstrauch und betrachte ihn. Ich finde keine verblühten Stängel mehr und kann ihm die Erleichterung ansehen. Seine Äste hängen jetzt nicht mehr herab, weil sie das Regenwasser abgeschüttelt haben. Aber er trägt immer noch Hunderte von Blüten. Und Hunderte von Knospen haben sich noch nicht geöffnet.
Ich freue mich schon auf das nächste Zwiegespräch. Solche Arbeiten – überschaubar, ohne Zeitdruck, ohne Unwägbarkeiten – können nur glücken. Es sind Perlen im Alltag.

29. Juni

Durchhalten

Es ist sechs Uhr in der Früh. Der Garten ist ohne mich gewachsen in den vergangenen zwei Monaten. Das Leben darin hat sich ohne mein Zutun abgespielt. Ich stand daneben und habe zugesehen.

Jetzt versuche ich, wieder in ihm anzukommen. Die Stille ist schon da, wie immer. Sie wartet nur auf mich. Ich gehe in den Garten. Es hat geregnet in der Nacht, und jetzt donnert es in der Ferne. Ich gehe ein Stück des

Weges entlang, atme, spüre, wie der Atem kommt und geht, aber nicht fließt. Dann beginnt es zu tröpfeln. Das Räucherwerk, das ich in den Händen halte, darf nicht nass werden – ich gehe zurück, stelle mich unter das Garagendach, lege das Räucherwerk ins Trockene. Nur ein warmer Sommerregen, denke ich. Den Hut habe ich vergessen.

Ich trete wieder hinaus, spüre die Tropfen auf meinem Kopf, hole die Grasschere und beginne, das Gras rund um die kleine Buddhastatue aus Stein zu schneiden. Die Messer wetzen gegeneinander, ritsch, ratsch, schön regelmäßig. Das Regenwasser drückt die Halme herunter, gerade so, dass ich deutlich sehen kann, wo ich sie abschneiden muss. Ritsch, ratsch – es ist ein leises, schönes Geräusch wie das einer Sense. Ich schneide die zwei Quadratmeter gebückt, denke an die Millionen von Sicheln, die gerade im selben Augenblick in Asien den Reis schneiden, fühle mich verbunden. Vergessen ist der Regen. Ritsch, ratsch.

Der Buddha ist befreit. Ich hole ein tiefgelbes Tuch aus dem Trockenen. Eine Leserin hat es mir geschenkt, um unseren Buddha zu schmücken. Ich binde es ihm um die Schultern. Es ist Licht. Ich hole auch die Räucherstäbchen, die sie dazugelegt hat, und zünde sie an, trotz des Regens. Dann trete ich drei Schritte zurück und betrachte ihn. Ich weiß, dass es nicht stimmt, aber auf mich wirkt es so, als würde er jetzt etwas breiter lächeln,

etwas zufriedener aussehen, befreit von Gras und zwei Schnecken, geschmückt mit einem leuchtenden Tuch und den süßlichen Duft seiner Heimat in der Nase.
Ich lächle auch. Es regnet. Ich bin nass. Und es ist gut so. Ich gehe zurück, putze die Grasschere ab und lege sie zurück in den Schrank. Jetzt ist die Achtsamkeit da. Ich spüre, wie die Streichhölzer in meiner Hosentasche gegen meinen Schenkel drücken, gehe nochmals zurück, um auch sie an ihrem Ort zu verstauen. Und weil ich dafür nochmals in den Regen hinaustreten muss, werde ich erneut nass, und genau in diesem Augenblick bin ich verbunden mit all den vielen, die durchhalten, die sich in Disziplin üben, die tun, was getan werden muss, ob es regnet oder schneit, auch wenn es dunkel ist und mühselig, und die nichts als ihre Pflicht tun, an dem Ort, an dem sie unabsichtlich gelandet sind. Ihnen widme ich diese Zeilen. Und ihnen wünsche ich, dass sie beschenkt werden, wie ich heute beschenkt wurde, mit einem tiefgelben Tuch, das Licht in den Regentag bringt.

6. Juli

Boden für einen guten Tag

Ich bin spät dran. Die Kinder sind spät aufgestanden, und ich habe sie zum Kindergarten gebracht. Bald ist schon Kaffeepause. Ich atme tief durch und gehe trotzdem in den Garten. Die fast verblühten Frauenmäntelchen rufen nach mir. Sie liegen vom Regen schwer auf der Erde und zeigen mir ihre langen Stängel. Wenn ich sie jetzt schneide, werden sie Ende August nochmals blühen. Ich hole die Schere und einen Korb. Wenn die Stiele so liegen, ist das Schneiden eine reine Freude. Stängel liegt neben Stängel, und der Korb ist bald gefüllt, voller grüngelber Blüten. Rote Rosen würden gut dazu passen, denke ich, schön arrangiert in der großen schwarzen Schale vor der Bürotür. Fast jede Woche lege ich ein paar Blumen, Steine und Äste in diese schwarze

Schale. Es ist ein kleiner Gruß aus dem Garten ins Büro, ein Geben aus der Fülle, dorthin, wo es doch eher kühl, sachlich und fachlich zu- und hergeht.

Ich bringe die Frauenmäntelchen und die Rosen hinauf und entdecke, dass eine Kollegin bereits eine weiße Hortensienblüte neben die zwei Schiefersteine ins Wasser gelegt hat. Der Anblick freut mich, weil er in seiner Schlichtheit so schön ist und weil ich mich freue, dass meine Kolleginnen immer öfter auch hinausgehen, um den Garten hereinzubringen.

Ich lasse die Hortensie in der Schale und lege erst die Frauenmäntelchen um sie herum, dann die Rosen, die wie rote Leuchten im Gelbgrün strahlen. So gefällt es mir. Es sind nur wenige Handgriffe, die aus dieser toten Ecke im Treppenhaus einen Ort der Lebendigkeit, Freude und Achtsamkeit machen. Ich habe dazu nur eine halbe Stunde gebraucht. Aber ich weiß jetzt schon, dass diese halbe Stunde dem Tag einen speziellen Glanz geben wird, der am Abend noch immer aufscheinen wird und nicht verloren geht.

Ich muss sie mir immer noch abringen, diese dreißig Minuten, sie nicht als Pflicht empfinden und sie dennoch den alltäglichen Routinen entgegensetzen, all dem Unerledigten vorziehen. Aber dieses kurze Ringen am Morgen lohnt sich. Ich komme dadurch in die Ruhe und Freude, und der Tag hat den Boden, um ein guter Tag zu werden.

7. Juli

Achte auf dich selbst

Eine Woche lang lag ein Feigenkaktus in seinem zerbrochenen Topf im Wintergarten. Vielleicht war er zu trocken und ist deshalb aus dem Gleichgewicht geraten und gefallen. Vielleicht hat ihn der Wind vom Sims geworfen. Vielleicht ist er aber auch selbst gesprungen, um anzuzeigen: Mein Topf ist zu klein!
Unser Putzmann hat die Scherben zusammengekehrt und den Kaktus behutsam auf einen anderen, großen Topf gelegt, sodass wir ihn jedes Mal sehen, wenn wir die Treppe hinauf- und wieder hinuntergehen. Ich habe überlegt, ob ich ihn dort einfach liegen lassen soll. Zwei andere, größere Exemplare stehen ebenfalls noch im Wintergarten.
Aber der Kleine hat einen sehr schönen, ebenmäßigen Wuchs. Und heute Morgen, als ich wieder an ihm vorbeigehe und es draußen kühl, windig und regnerisch ist – Oktoberwetter im Juli –, da beschließe ich, ihm einen neuen Topf zu geben. Es ist ein guter Entschluss, er fühlt sich sofort richtig an. Ich suche einen größeren Topf, fülle ihn mit Erde aus dem Garten und mache mich ans Eintopfen, vorsichtig, damit mich die kleinen Stacheln mit ihren Widerhaken nicht verletzen.
Kakteen umzutopfen ist immer heikel. Ihre Stacheln machen den Umgang mit ihnen nicht leicht. Man muss vorsichtig hantieren, nicht nur auf die Pflanze achtge-

ben, sondern auch auf einen selbst. Vielleicht ist es vor allem das, was sie uns lehren wollen: Achte auch auf dich selbst!

Sie begleiten mich jetzt schon seit über zehn Jahren, diese Feigenkakteen. Ich habe sie damals als einzelne Ohren aus Italien mitgebracht. Beim Eintopfen denke ich an diese lange Zeit und daran, dass nur ganz wenige Pflanzen schon so lange mit mir zusammen sind. »Achte auf dich selbst!«, wollten sie mir immer sagen, doch erst jetzt höre ich es.

Ob der Kleine in seinem größeren Topf wohl nächstes Jahr blühen wird wie seine großen Brüder? Eine ihrer Blüten leuchtet mir jeden Morgen entgegen, wenn ich den Computer starte – als Hintergrundbild. Es wird mich fortan mahnen: Achte auf dich selbst!

8. Juli

Wo ein Weg war

Wo früher ein Weg war, liegen heute die Stockrosen kreuz und quer. Ich kann nicht hindurch. Sie liegen so da, als ob jemand einen Hindernisparcours mit ihnen geschaffen hätte. Ich habe Draht dabei, um sie anzubinden. Behutsam richte ich den ersten, dunkelrot blühenden Stock auf und winde den grünen, dicken Draht um ihn. In der Wand stecken Ösen, in die ich den Draht einhake. Danach kommt ein gelb blühender Stock, dann ein rosafarbener.

Auf diesem ersten Teil des Weges haben Wind und Regen die Pflanzen bloß niedergedrückt. Ganz sachte, sodass keine dabei zerbrochen ist. Vielleicht haben sich die Stockrosen aber auch dieser unsichtbaren Kraft des Windes und der weichen Schwere des Regens gebeugt. Weiter vorn sind die Pflanzen hingegen geknickt. Da hilft kein Draht mehr, und ich schneide sie mit der Schere ab. Langsam befreie ich den Weg wieder. Noch gehört er den Schnecken, die sich an den feuchten Blüten und Blättern gütlich tun. Es sind die dicken Weinbergschnecken, die hier zu Dutzenden herumkriechen. Sie lieben Malven und haben den ganzen Weg besetzt. Zweimal knackst es unter meinen Schuhsohlen, so sehr ich auch aufpasse. Aber nach dem Aufrichten und Abschneiden der Pflanzen werden sich auch die Schne-

cken wieder an den Wegrand zurückziehen. Dann wird der Weg wieder begehbar sein.
Nur eine Woche Regen und Wind waren nötig, um ihn zu versperren. Er führt in einen besonders stillen Teil unseres Gartens. So geht es mir mit den Wegen in die Stille: Wenn ich sie nicht dauernd begehe, sind sie sehr schnell zugewachsen, vom Alltag überwuchert, chaotisch versperrt. Deshalb nehme ich mir vor, die Malven im nächsten Jahr schon vor dem ersten Sommerregen anzubinden.

13. Juli

Auf Augenhöhe mit dem Kraut

»Just bend down a little and look at the beauty of the grass«, hat mir einmal ein indischer Fotograf gesagt. Jetzt reiße ich es aus. In unserem neu angelegten Staudenbeet sprießt es voller Optimismus. Vor knapp fünf Wochen haben wir das Beet bepflanzt: mit Glockenblumen, Blutweiderich, Waldgeranien, Johanniskraut und einigem mehr. Die meisten Pflänzchen sind gut angewachsen, ein paar wurden von den Schnecken verspeist. Aber zwischen dem Gepflanzten wuchert es jetzt: Löwenzahn, Winden, diverse Gräser und anderes streiten sich um die Lücken. Und ich streite mit.

Den Strohhut auf dem Kopf, neben dem Korb kauernd, ziehe ich Pflanze um Pflanze aus der Erde. Ich muss mich schon tief hinabbeugen, um mit dem Gewucher fertig zu werden. Manchmal krieche ich auf den Knien unter

die Büsche am Beetrand, habe die Nase fast am Boden und zupfe aus, was hier nicht wachsen soll. Ich befinde mich auf Augenhöhe mit den vielen Kräutern. In dieser Stellung kommt mir stets der indische Fotograf in den Sinn. Er hat sich mit seinen Objektiven in die Wiesen vor die Blumen gelegt, hat auch die Augenhöhe gesucht. Es braucht diesen Perspektivenwechsel, um wirklich vorwärtszukommen. Auf dieser Höhe begreife ich den Optimismus der Pflanzen, die sich in jeder sich bietenden Lücke ausbreiten. Als Pflanze würde ich das genauso machen, vor allem in diesem frischen, lockeren Boden.

Ich krieche weiter – ein Koloss über einem zarten Geflecht von Sprossen. Aber der Schein trügt. Das Geflecht ist stärker als der Koloss. Ich hinterlasse zwar meine Spuren, aber ich sehe auch die Dutzendschaften von Keimlingen, die zu klein zum Zupfen sind. Sie werden weiterwachsen, wenn der Koloss müde ist. Sie werden immer stärker sein. Deshalb ist das Sich-Herabbeugen auch nie ein Zeichen von Schwäche. Auf dieser Augenhöhe blickt einem die Stärke ins Gesicht und die Gewissheit, dass das Geflecht siegen wird. Der Optimismus dieses Gewuchers ist deshalb berechtigt.

Irgendwann ist mein Korb voll. Ich ziehe mich zurück. Die gepflanzten Stauden haben jetzt Platz, um sich zu versamen. Auch sie sind Teil des Geflechts. Ich bin nur der Gärtner, der hier für eine begrenzte Zeit seine Schöpfung schützt.

14. Juli

Sensen und achtsames Sensen

Was ist der Unterschied zwischen Sensen und achtsamem Sensen? Beide Male liegt danach geschnittenes Gras am Boden.
Ich setze den Strohhut auf und hole die Sense. Dabei entdecke ich auch den Schleifstein in seinem roten Plastik-Holster, den ich das letzte Mal gesucht und nicht gefunden habe. Achtsamkeit im Keller …
In unserem Garten gibt es eine große Wiese und eine kleine von ungefähr dreißig Quadratmetern. Die kleine muss heute gemäht werden. Ich hole aus und achte dabei auf die Lavendelbüsche, die neben der Wiese wachsen. Die Grashalme fallen, ein schöner Schnitt. Und weiter. Das Schnittgut türmt sich, wie immer bei mir, auf der linken Seite, anstatt dorthin zu fallen, wo es vorher gestanden hat. Soll ich mich darüber ärgern? Nein. Achtsamkeit bedeutet ja auch Annehmen. In diesem Fall ist das unter anderem mich selbst, als stümperhaften Sensenmann.
Schnitt folgt auf Schnitt. Eine Zeit lang geht es flott voran. Ich spüre den »Flow«, wie man heute sagt, oder habe zumindest eine kurze Ahnung davon, bevor die Sensenspitze wieder in einem Ameisenhaufen stecken bleibt. Befinde ich mich im Hier und Jetzt? Ich kann gar nicht anders. Das Sensen erfordert so viel Konzentrati-

on, dass ich weder andere Gedanken haben noch meinen Blick abschweifen lassen könnte.

Sensen und achtsames Sensen sind für mich fast dasselbe. Wo große Konzentration ist, ist Achtsamkeit. Wo der Fokus klar ist und nicht aus dem Auge gelassen wird, ist auch das Hier und Jetzt. Ich schreibe »fast«, weil ich ganz beim Sensen bin, gleichzeitig aber auch versuche, achtsam gegenüber mir selbst zu sein versuche. Ich sense und beobachte mich gleichzeitig beim Sensen. Ich sehe, wie mein Körper zu schwitzen beginnt, nehme wahr, wie schnell mein Herz schlägt, wo ich Kraft freisetze und wie der Schwung verläuft und wo er unterbrochen wird. Ich beobachte meine Gedanken, wie sie darum kreisen, ob ich die Sonnenröschen am Rand auch wegschneiden soll oder nicht. Ich beobachte all das und kehre immer wieder zum Sensen zurück, lasse Gefühle und Gedanken gehen. Das Zurückkommen funktioniert automatisch, weil mein Sensen so viel Konzentration erfordert. Das ist das Gute an dieser Übung. Ich erinnere mich an Meditationsübungen, bei denen mir dieses Zurückkommen partout nicht gelingen wollte.

Die kleine Wiese liegt gemäht vor mir. Schön waren die steifen Gräser und ihr Fallen, mühsam die dünnen, feinen, kurzen, die sich einfach flach legten und die ich wieder gegen den Strich aufrichten musste, bevor ich einen zweiten und dritten Schnitt versuchen konnte. Sensen werde ich weiter üben – auch das achtsame.

8. August

In Rauch aufgegangen

Ich habe mit dem Holz der alten Tanne, die wir vor vier Jahren gefällt haben, ein Feuer gemacht. Es ist Nacht geworden nach einem Sommertag im Garten. Ich sitze allein vor der Feuerschale aus Stahl. Die meisten Nachbarn sind noch in den Ferien – kaum ein Licht dringt in den Garten. Es ist still.

Ich liebe es, in die Flammen zu schauen. Aber jetzt konzentriere ich mich auf den Rauch. Er steigt in einer großen, langen Wolke in den Nachthimmel auf und verschwindet. Eine wallende Rauchfahne in der Form von Gewitterwolken, nur kleiner. Manchmal steigt sie senkrecht in die Höhe, manchmal neigt sie sich zur Seite, manchmal gibt es Rauchschwaden, die sich am Rand der Feuerschale kräuseln.

Der Rauch vermischt sich mit der Nachtluft, und die Nachtluft atme ich ein. Der Baum löst sich in Rauch auf, und ich atme ihn ein. Die Luft riecht harzig. Ich atme Wolke um Wolke, Atemzug um Atemzug. Und mir wird klarer denn je, was die weisen Frauen und Männer meinen, wenn sie vom Atem reden, der einen mit der ganzen Welt verbindet: Hier vor dem Feuer sitzend, nehme ich den Baum in mich auf, mit dem Atem. Er löst sich auf und wird ein Teil von mir.

Ich habe sein harziges Aroma schon eingeatmet, als er noch lebendig vor unserem Fenster stand. Und ich habe seinen Tod eingeatmet, als die Säge in sein Holz schnitt und es nach Spänen und heißem Harz roch. Er war bereits damals Teil von mir.

Alles ist Teil von mir, alles, was ich einatme. Die Nachtkerzen, die ihren süßen Duft hinter meinem Rücken verströmen und die ich einatme, sind Teil von mir. Die sechzig Jahre dieser Tanne, die hier verbrennt und die ich einatme, sind Teil von mir. Die Luft, die sie vor so vielen Jahren in ihre Zellen eingeschlossen hat und jetzt freigibt, wird Teil von mir.

Ich nehme das alles in mir auf. Mit jedem Atemzug. Neben den Tannenscheiten verbrennt Holz aus einer Kiste, die wir aus Kambodscha mitgenommen haben. Tropisches Holz, den Schweiß der Holzfäller, der Hafenarbeiter – ich atme all das ein. Alles wird Teil von mir, die ganze Welt.

Vielleicht erinnern sich die Menschen in Asien mit ihren Räucherstäbchen genau daran: Dass sie mit ihrem Atem und dem Rauch mit der ganzen Welt verbunden sind. Und dass die Welt im wahrsten Sinne des Wortes in ihnen ist, einfach durch ihr Atmen.

16. August

Auf dem Steg

Immer wieder fragen Leute, wofür denn unser Steg gut sei. Es war Frühsommer, als ich ihn mit meinem neunjährigen Sohn gebaut habe. Das Gras stand noch nicht hoch, aber meine Frau und ich wollten es wachsen lassen. Damit wir weiterhin über unsere Wiese gehen konnten, brauchten wir einen Steg: einen halben Meter über dem Boden, aus Tannenbrettern, die auf Holzstützen gelegt wurden. Mein Sohn und ich waren beide ein bisschen stolz, als er an einem Samstagnachmittag fertig wurde.

Seither dient der Steg den Kindern zum Herumtollen und uns für einen gelegentlichen Besuch beim Buddha, der an einem seiner Enden sitzt. Darüber hinaus entpuppte er sich als eine notwendig gewordene, aber weiche, geschwungene Grenze zwischen dem nachbarlichen Rasen und unserer Wiese mit dem hohen Gras. Und gemütlich sitzen kann man auch darauf.

Aber vor allem ist er zum Gehen da. So, wie ich heute Abend auf ihm gehe. Die schmalen Bretter lenken meine Aufmerksamkeit zuerst einmal auf den Boden. Ich muss auf jeden Schritt achtgeben, muss mich auf das Gehen konzentrieren. Ich muss bewusst bei jedem Tritt das Gleichgewicht suchen. Das ist das Erste.

Ich gehe hin und her. Am einen Ende sitzt der Buddha, am anderen Ende bildet der Bambus ein kleines, stets wachsendes Tor. Beides wirkt beruhigend auf mich. Nach ein paar Gängen habe ich meinen Schritt gefunden und beginne, auf meinen Atem zu achten. Ich kann jetzt gehen und ruhig atmen.

Dann fühle ich den Rhythmus. Zuerst ist es nur der Rhythmus des Atmens, dann gehen Atem und Schritt zusammen. Ich atme beim Gehen über das erste Brett ein und beim Gehen über das zweite aus. Zwischen jedem Brett gibt es einen Wechsel – ein und aus. Ich merke, dass es zehn Bretter sind zwischen Bambus und Buddha. Wer mich so hin- und hergehen sieht, wird sich wohl so seine Sache denken – mich aber beruhigt das Gehen, der Rhythmus tut mir gut.

Es ist wie in einem klösterlichen Kreuzgang oder in einem japanischen Garten, in dem man auf den sorgfältig gesetzten Steinen geht. Aber unser Steg wirkt etwas moderner, etwas freier. Und je länger ich hin- und hergehe, umso ruhiger werde ich. Der Arbeitstag mit den vielen Kleinigkeiten, den Telefonaten, E-Mails, Besprechungen und Informationen entfernt sich langsam, aber friedlich. Und in mir breitet sich eine Gelöstheit aus, eine tiefe Ruhe.

Ich bin jetzt vielleicht zwei oder drei Dutzend Male hin- und hergegangen. Das reicht schon für eine friedvolle Stimmung. Wofür der Steg gut ist? Vor allem dafür: Die Ruhe in mir zu finden nach einem hektischen Tag.

19. August

Nacktschnecken eimerweise

Ich nehme einen roten Plastikeimer, lege eine Zeitungsseite und ein paar herabgefallene Äpfel hinein, ziehe mir die dicksten Gartenhandschuhe über, die ich habe, und mache mich auf den Weg nach draußen. Der August ist verregnet, und ich habe in meinem ganzen Leben noch nie so viele Schnecken im Garten gesehen wie in diesem Jahr. Sie sind braun, sie sind dick, sie schleimen, und vor allem: Sie sind überall.

Aber töten will ich sie nicht. Wenn ich versehentlich auf eine trete und sie zerquetsche, fühle ich mich schlecht. Wenn ich sie in heißes Wasser werfe auch. Und wenn ich Schneckenkorn streue ebenso. Deshalb bin ich jetzt mit meinem roten Plastikeimer unterwegs. Auf der lockeren Erde in den frisch angelegten Beeten lassen sie sich leicht einsammeln. Es ist Vormittag, und die Schnecken scheinen es eilig zu haben zu verschwinden. Wahrscheinlich sind sie satt. Kaum eine finde ich mehr beim Fressen. Mit Ausnahme der Brokkoli, dort hängen sie selbst jetzt noch an den Blättern – oder an dem, was davon noch übrig ist.

Ich bücke mich für jede Einzelne. Fasse sie vorsichtig mit zwei Fingern unter den Bauch und lege sie in den mit Zeitungspapier ausgelegten Eimer, rund um die Äpfel.

Und auch von dem Schneckenzaun, der die Pflanzen vor ihnen schützen soll, pflücke ich sie gruppenweise. Der Eimer wird schwerer.

Aber dieses Mal habe ich ein gutes Gefühl. Ich tue nichts Schlechtes, schicke sie bloß auf eine kleine Reise: weg von den Blumen- und Gemüsebeeten. Auf der einen Seite unseres Gartens fließt ein Bächlein in einem Abgrund, in dem Bäume wachsen. Dorthin werden sie reisen. Es ist schattig und kühl dort, und es sind acht Höhenmeter und dreißig Meter Wiese bis zum nächsten Beet. Die Reise beginnt, zuerst im Eimer über die Wiese und dann – fliegt Schnecken, fliegt!

Erledigt. War dies ein achtsamer Umgang mit einem lästigen und oft frustrierenden Problem? Ich wünsche mir eine Igelfamilie im Garten, aber bislang hat sich keine hier niedergelassen. Deshalb wird wohl auch die nächste Schneckenreise nicht lange auf sich warten lassen.

26. August

Nicht immer, aber immer öfter

Seit Menschengedenken kann es nicht so ausdauernd geregnet haben wie in diesem August. Deshalb habe ich seit über einer Woche keinen Fuß mehr in den Garten gesetzt. Jetzt stehe ich in der Haustür und möchte einmal die Spuren meiner Vorgärtner verfolgen. Wie viel des Gartens entspringt meiner eigenen Vorstellung? Und wie viel ist noch von den Menschen da, die vor mir hier gegärtnert haben? Wie viel ist schon seit jeher da, ist Landschaft von Wind und Wetter geformt?
Ich gehe einen Schritt und sehe, wie die schwarzäugige Susanne in einem eleganten Bogen fast den Boden berührt. Vor dem Regen hat sie mich an eine balinesische Fahne erinnert, jetzt beugt sie sich schwer zur Seite und berührt beinahe den Boden. Ich hole die Schere, schneide eine lange Haselrute zurecht und binde sie wieder hoch.
Dann konzentriere ich mich auf die Spuren aus der Vergangenheit, gehe den Fahrweg hinunter und erschrecke zunehmend, weil ich realisiere, dass da fast alles aus fremder Hand stammt: die Pflasterung, das Rosenbeet mit dem Lavendel, die verwilderten Sonnenhüte am Wegrand …

Und überall sind Schnecken, obwohl ich ihre Schwestern erst letzte Woche umgesiedelt habe. Auch im frisch angelegten Staudenbeet, dem bisher größten Bild meines inneren Gartens. Also hole ich erneut Handschuhe und Eimer und sammle sie ein. Sobald ich mit dem Staudenbeet fertig bin, mache ich beim Gemüsebeet weiter. Danach ist der Eimer schwer, die Schnecken reisen in den Abgrund, und meine Gartenstunde ist vorbei.

Die Spuren der Vergangenheit habe ich verloren. Der Garten hat die Regie übernommen und mich zum Schneckensammler gemacht. Es war durchaus ein achtsames Schneckensammeln, aber es war auch ein Diktat. Deshalb gehe ich etwas frustriert nach oben und denke mir, dass diese Meditationsübungen nicht immer gelingen – aber immer öfter, je mehr Übung ich gewinne. Und vielleicht gibt es ja gerade dies zu lernen: sich einlassen zu können auf Unerwartetes, Diktiertes. Vielleicht sind die hundert Schnecken hierfür gute Lehrmeister. Mit der ihnen eigenen Beharrlichkeit werden sie mich wieder daran erinnern, dass nicht ich hier das Sagen habe.

21. September

Sich einsammeln

Ich pflücke eine letzte Himbeere. Sie ist noch süß, aber auch kalt, mit Tau benetzt. Es ist kein Beerenjahr, dafür schien die Sonne zu wenig. Deshalb sammle ich jetzt Samen. Zuerst bücke ich mich hinunter zu den Jungfern im Grünen, die ihre Samenstände über den Kiesweg neigen. Es sind beige Ballone, in denen die Samentaschen liegen. Ich öffne sie sorgfältig über einem Glas und lasse die schwarzen Samen hineinfallen. Der Tau

hängt an den Ballonen, und ich gebe mir Mühe, nur trockene Samen zu sammeln. Nach einer Weile lerne ich, wie sich der Ballon am besten öffnen lässt – nämlich so, wie er sich natürlicherweise öffnet. Die Ernte vergrößert sich. Der Boden meines Glases ist jetzt schwarz. Es sind Hunderte von Samen.

Kann ich mich dabei sammeln? So wie beim Beerenpflücken? Im Augenblick muss ich mich noch zu stark konzentrieren, meine Fingerfertigkeit ist zu sehr gefragt. Samen einzusammeln ist eben kein gleichförmiges Pflücken. Und auch wenn ich jetzt weitergehe, mein nächstes leeres Glas öffne und die Samen des Leinkrauts abstreife, bin ich mehr beim Leinkraut als bei mir. Seine Samen sind noch kleiner, und ich befürchte, dass sie alle zu feucht sind und schimmeln werden. Als Letztes öffne ich die Samenkapseln einer rosa blühenden Nelke. Darin liegen kleine braune Kügelchen zu Dutzenden. Dieses Bild stimmt am besten mit meinem inneren Bild von Samen überein: eine steife, schützende Kapsel, und in ihr ein Haufen Fruchtbarkeit. Ich verschließe sie nicht in einem Glas, sondern streue sie auf eine frisch geharkte Fläche und freue mich schon auf den nächsten Frühling.

Die Gläser bringe ich in die Garage. Dort liegen und stehen bereits Papierkuverts und andere Becher und Gläser mit Samen. Das Regal mit den Samengläsern rührt mich an. Es ist ein eigener kleiner Garten, der darauf wartet, sich entfalten zu dürfen. Es erinnert mich an meinen inneren Garten, der auch so aussieht: ein Brett und darauf etwas unordentlich verteilt Briefumschläge und Gläser mit Samen, meinen Visionen, Ideen und Vorstellungen. Ich weiß nicht, welche je sprießen werden. Welche werden genügend Wasser und Wärme bekommen, um zu erblühen? Aber ja, so bin ich: In meiner Garage liegen viele Samen noch herum, meine Samen, und zum ersten Mal in meinem Leben fühle ich mich zum Säen bereit. Früher war mir das zu mühsam. Ich habe lieber gezogene Pflänzlein gekauft. Jetzt sind die Samen gereift, und ich bin reif, sie in die Erde zu bringen.

22. September

Mandalas und Geiz

Mandala steht in Sanskrit für »Kreis«. Wer Mandalas gestaltet, vollzieht ein Ritual und möchte damit eine Verbindung zur spirituellen Welt herstellen. Mandalas dienen der spirituellen Übung, dem persönlichen Wachstum. Sie können aber auch Gedanken und unbewusste Gefühle in eine konkrete Form bringen und werden deshalb auch in der Psychotherapie eingesetzt. Ich gehe heute in den Garten, um zu ernten. Ich will die Früchte, die Samen und die letzten Blüten zu einem Mandala zusammenführen. Es soll ein fünfteiliges Mandala werden, wie die fünf verschiedenen Kontinente. Ich habe mit fünf roten Äpfeln begonnen, fünf schön gelappte Blätter der Vogelbeere dazugenommen, dann die roten Blüten des Fettblatts hinzugefügt. Jetzt lese ich fünf Mispeln von den völlig überladenen Ästen und bringe sie in meinen Kreis. Dann gehe ich wieder hi-

naus, sehe die weißen Hortensien, die ein zweites Mal in diesem Jahr erblühen, und nehme von dort eine große Dolde mit hinein.

Ich gehe hinein und hinaus, jedes Mal mit fünf neuen Teilen. Das Mandala entsteht im Flur vor meiner Wohnungstür. Es ist bereits jetzt reich, aber etwas fehlt noch: gerade, klare Linien. Ich gehe nochmals in den Garten und schaue mich um – die roten Zweige des Hartriegels sind nicht gerade genug, aber im Gemüsebeet steht gelb wie Safran der Mangold.

Ich schneide das erste Blatt ab, als sich etwas wie Geiz in mir regt. Ein Gemüse als Dekoration? Ich schneide das zweite Blatt ab. Ist das nicht Verschwendung? Das dritte. Und die schönen, großen Blätter, die ich wegwerfen muss? Noch ein viertes und ein fünftes Blatt brauche ich. Möglichst unauffällig abschneiden, denke ich. Ich trage sie zum Mandala, setze sie ein, trete zurück und betrachte mein Werk. Der Mangold leuchtet herrlich! Er ist es, der die Sonnenenergie vor die Wohnungstür bringt. Und das ist es ja, was ich wollte: Ein Stück Garten hereinzutragen und an alle zu verschenken, die nicht selbst draußen sind. Freude bringen auf diese Weise, von draußen nach drinnen.

Man sagt, dass Mandalas die Ziele und Absichten ihres Erbauers ins Universum hinausschicken. Da lohnt es sich schon, den eigenen Geiz zu überwinden, wenn das Universum dankt.

30. September

Loslassen und ankommen

Gestern hat sich ein Kolumnist in der Zeitung über das »Loslassen« lustig gemacht. Er ist Psychotherapeut und hat zum »Festhalten« aufgefordert. Heute war ich schon beim Aufstehen gestresst, weil ich wusste, dass es an diesem letzten Arbeitstag vor den Herbstferien so viel zu erledigen gibt. Und weil ich keinen Tag in einer solchen Schieflage beginnen möchte, gehe ich nicht direkt ins Büro, sondern in den Garten.

Die Morgenluft ist für diese Jahreszeit schon sehr kühl, und die Wetterprognose kündigt Schnee an. Es ist Zeit, die Agaven und die kleine Kamelie in den Wintergarten zu holen. Ich ergreife zuerst die große, schwere Agave mit den gelb geränderten Blättern. Ich spüre, wie sich die Muskeln in meinen Händen, im Rücken und in den Beinen anspannen, merke, wie mich das zusätzliche Gewicht zu Boden drückt – man kann sich also auch so erden, denke ich, mit schweren Töpfen.

Die anderen beiden Agaven sind leichter. Ich finde für sie einen schönen, neuen Platz im Wintergarten. Dann gehe ich wieder hinaus und hole die kleine Kamelie, sehe, dass sie bereits Knospen gebildet hat, und stelle sie ganz vorne hin, damit ich keine Blüte verpasse. Danach gehe ich wieder hinaus.

Bei jedem Hereinkommen empfängt mich der Klang eines Akkordeons. Da übt jemand. Die wehmütige Melodie passt gut zur Herbststimmung. Es ist ein Ziehen von Tönen, ein Seufzen darüber, dass der Sommer endgültig weggezogen ist. Ich lasse ihn ziehen, spüre dieser Sommerwärme und den sommerlichen Strahlen nochmals beim Überqueren des Platzes nach und lasse sie dann ganz los. Lasse sie einfach gehen. Jetzt ist Herbst. Was jetzt ist, ist das Wichtige. Ich bin im Jetzt angekommen – im Herbst. Ich schaue hoch zum Feigenbaum. Eine Frucht ist reif, und ich pflücke sie. Für die anderen Früchte war der Sommer zu kurz. Und ich ernte noch eine Zucchini und eine Handvoll Himbeeren. Eine davon esse ich selbst, den Rest bringe ich meiner Familie nach oben.

Nachdem ich die Wohnungstür hinter mir geschlossen habe, ist der Stress weg. Ich kann mich an die Arbeit machen, habe mich wieder ausgerichtet. Keine Schieflage mehr. Loslassen meint ja vor allem, im Hier und Jetzt ankommen. Für mich war das heute eine Ankunft im Herbst. Für die Agaven und Kamelien war es ein Ankommen im Wintergarten.

26. Oktober

Zeit gewinnen

Es ist ein goldener Herbstmorgen. Ich stehe im Garten und bin sofort eingenommen von der Ruhe. Alles neigt sich einem Ende zu, behutsam und leise – ohne Trauer. In Frieden. Diese Stimmung im Garten braucht nicht lange, um sich in mir auszubreiten.

Ich schneide ein paar violette Bergastern für eine gelbe Vase, die oben in der Wohnung wartet. Mit den Blumen steige ich die Treppe hinauf, fülle Wasser in die Vase, streife die Blätter an den Stielenden ab und stecke die Blütentrauben zu einem stimmigen Ganzen zusammen. Jetzt steht die Vase auf dem Esszimmertisch und wird die Heimkommenden erfreuen. Es sind diese Momente der Behutsamkeit, die das Gärtnern für mich so wichtig machen. Ich spüre, wie gut es mir tut. Auch weil es sich jenseits von Finanzplänen, Konzepten und Kalendern abspielt.

Ich gehe wieder hinunter, dann über den Holzsteg hinüber zum Buddha. Die Sandschale für die Räucherstäbchen steht voll Wasser. Ich leere sie. Es ist eine kleine Geste der Achtsamkeit und des Respekts, sie mit frischem Sand zu füllen, die Treppen hinaufzusteigen, um eine neue Packung Räucherstäbchen zu holen, wieder hinauszugehen, eines anzuzünden und die frische Schale vor den Buddha zurückzustellen. In Asien machen das viele Menschen jeden Tag. Bei uns fehlen solche Rituale – außer man pflegt sie zum Beispiel im eigenen Garten. Mich bringt das Räucherstäbchen heute zum Buddha. Ich kann ihm in die Augen schauen. Ich fühle mich wohl dabei. Da bin ich und erlebe ein paar glückliche Augenblicke dieses Morgens im Garten, und da ist auch die Welt und alles, was über sie hinausreicht. Auf der Straße steht ein Mitarbeiter der Stadtreinigung mit einem großen Laubbläser und veranstaltet einen Riesenlärm. Wenn ich so einen höre, denke ich immer an Beppo, den Straßenkehrer aus Michael Endes Märchen »Momo«. Wieso sind die Zeiten von Beppo vorbei? Warum zerstört der Straßenreiniger seine Beschaulichkeit, seine Ruhe und seinen Frieden? Der Vorgesetzte des Mannes auf der Straße würde mir wahrscheinlich antworten, dass Wegblasen viel effizienter sei als Kehren. Ja, mit so viel Lärm gewinnt man Zeit. Aber wozu, wenn man dadurch Augenblick für Augenblick ein Stückchen Ewigkeit verliert?!

Aber zum Glück hat auch das ohrenbetäubende Laubblasen einen Anfang, eine Dauer und ein Ende, wie alles. Und beim Weiterschlendern durch unseren herbstlichen Garten umgibt mich die friedvolle Stimmung sehr schnell wieder. Ich sehe die wunderschönen Farben der heruntergefallenen Blätter, koste die letzten Himbeeren und verschone die Zweige des Strauches noch einmal vor dem Winterschnitt. Und am Ende meines Spaziergangs pflücke ich noch eine purpurne Malvenblüte für meine Liebste.

Literaturempfehlungen

Anthony de Mello: Der springende Punkt. Freiburg 2015.
Als Jesuitenpater gelingt es de Mello, Ost und West zu vereinen und einen Weg im Alltag zu mehr Glück, Freude, Frieden und Liebe aufzuzeigen.

Jack Kornfield: Frag den Buddha und geh den Weg des Herzens. München 2018.
Kein anderer führt einen so sicher und humorvoll durch den Alltag eines Buddhisten wie Jack Kornfield.

Jörg Zink: Dornen können Rosen tragen. Stuttgart 2009.
Eine großartige Einladung, unsere christlichen Wurzeln wiederzuentdecken.

Ken Wilber: Eine kurze Geschichte des Kosmos. Frankfurt a. M. 1997.
Ein hochintelligenter Versuch, die Welt zu erklären und aufzuzeigen, wohin die Reise geht, voller Menschlichkeit, Mitgefühl und Klarheit.

Marianne Beuchert: Symbolik der Pflanzen. Frankfurt a. M. 2004.
Eine Fundgrube für alle, die in Pflanzen mehr sehen, als bloß Farben, Blüten, Blätter und Stängel.

Marion Küstenmacher: Vom Zauber der Blumen und einfachen Dingen. München 2004.
Marion Küstenmacher kennt sich in ihrem Garten ebenso gut aus wie in der spirituellen Welt. In ihren geistreichen Betrachtungen verbindet sie beides.

Regula Freuler: Die Gärten der Mönche. München 2004.
Ein wunderbares kleines Buch über den Garten als Oase der Stille und Spiritualität.

Dank

Der erste und größte Dank gebührt meiner Frau Manja. Vom ersten Augenblick unseres Zusammenseins an hat sie mich zur Achtsamkeit und zur Liebe geleitet – ohne sie wäre alles ganz anders. Dank auch an Jörg Zink, der mir mit seinem Buch »Dornen können Rosen tragen« den Zugang zu dieser Art Gartenarbeit eröffnet hat. Ebenso geht mein Dank an Ken Wilber, seine Gedanken haben meine Vorhänge und Scheuklappen elegant weggerissen. Und auch unserem Sadhana-Meditationslehrer, Anand Nayak, möchte ich danken. Er hat uns ein gutes Stück weitergebracht, und vor allem das Retreat in der Haute Provence bleibt uns in freudiger Erinnerung. Ein großes Dankeschön geht auch an meine Lektorin Natalie Köhler, die mir gezeigt hat, dass es nicht nur achtsames Gärtnern, sondern auch achtsames Lektorieren gibt.

Über den Autor

Reto Locher studierte Biologie in Basel und arbeitete danach als Wissenschaftsjournalist für verschiedene Zeitungen, bevor er Redakteur beim Züricher »Tages-Anzeiger« wurde. Heute leitet er eine Kommunikationsagentur in Luzern und ist Dozent für integrale Umweltkommunikation an der ETH in Zürich. Er ist passionierter Gärtner und beschäftigt sich seit über 20 Jahren mit Zen, Meditations- und Kontemplationstechniken sowie dem integralen Ansatz von Ken Wilber.

www.mare.comm-care.ch

Danke für deine REZENSION
– Gemeinsam sind wir mehr –

Liebe Leserin, lieber Leser,

von Herzen danken wir dir, dass du dieses Buch in den Händen hältst und es bis zum Ende gelesen hast. Das bedeutet uns, dem Schirner Verlag und seinen Autoren, sehr viel. Aus voller Überzeugung und mit Hingabe widmen wir uns seit vielen Jahren Themen, die unser aller Lebensqualität und Bewusstwerdung dienlich sind, und hoffen, einen Beitrag für eine lichtvollere Welt leisten zu können. Wenn dir unsere Arbeit gefällt, möchten wir dich bitten, dir einige Minuten Zeit zu nehmen, um dieses Buch zu rezensieren. Warum? Die meisten Menschen lesen Rezensionen, bevor sie ein Buch kaufen, da sie hierdurch einen Eindruck bekommen, ob und wie der Inhalt des Buches den Leser erreicht hat. Eine kurze Rezension ist dabei ebenso hilfreich wie eine lange, sehr ausführliche. Um es auf den Punkt zu bringen:

Eine Rezension ist heutzutage die beste Werbung für ein Autorenwerk!

Wenn du den Schirner Verlag und seine Autoren neben dem Buchkauf auch anderweitig unterstützen willst, dann bitten wir dich: Schreibe für jedes Werk eine Rezension – vielleicht als persönliche Leseempfehlung für die Buchhandlung in deiner Nähe oder online, z. B. beim Schirner Verlag. Das wäre nicht nur eine Wertschätzung für die Autoren, sondern kann dazu beitragen, dass die Verkaufszahlen steigen und der Schirner Verlag auch in herausfordernden Zeiten Bestand hat.

WIE SCHREIBT MAN EINE REZENSION?

Grundsätzlich sollte eine Rezension aus der eigenen, subjektiven Sicht geschrieben werden, da es sich um eine persönliche Meinung handelt. Du kannst in zwei Sätzen deine Gedanken zu dem Buch äußern oder eine längere Rezension verfassen. Falls du nicht weißt, wie du beginnen sollst, hier ein paar Anregungen:

- War das Buch leicht verständlich geschrieben? Wie hat dir die Sprache gefallen? Wie empfandest du die Aufteilung der verschiedenen Themen?
- War es unterhaltsam? War es deiner Meinung nach mit Herzblut und Liebe geschrieben? Wie hat es auf dich gewirkt?
- Hat es dein Herz berührt? Konntest du dich wiederfinden?
- War es tief greifend genug? Hast du viel Neues gelernt?
- Hat es gehalten, was der Titel und die Buchbeschreibung versprochen haben? Hat es deine Erwartungen erfüllt?
- Was macht das Buch besonders? Warum sticht es heraus im Vergleich zu anderen Büchern, die ein ähnliches Thema behandeln?
- Würdest du das Buch weiterempfehlen oder verschenken?

Dankeschön

Bildnachweis

Bilder von der Bilddatendank www.shutterstock.com:

Umschlag: # 1303451275 (© Maria Evseyeva), # 99492056 (© Elenamiv), # 679591054 (© doddis77), # 411543586 (©Romanova Ekaterina), # 797551678 (© Fluke Cha), # 489587227 (© Arina Trapeznikova)

Schmuckelemente auf allen Seiten: grüner Rand oben: # 99492056 (© Elenamiv); Zweige: # 411543586 (© Romanova Ekaterina)

Weitere Bilder: S. 1: # 679591054 (© doddis77); S. 3: # 1066889912 (© fotohunter), # 406178962 (© Olga_C), # 99492056 (© Elenamiv); S. 9: # 1260378931 (© Bachkova Natalia); S. 11: # 489587227 (© Arina Trapeznikova); S. 12: # 264601580 (© Bildagentur Zoonar GmbH); S. 17: # 1261943296 (© Sindii); S. 18: # 321800687 (© Roxana Bashyrova); S. 21: # 69949180 (© David Maska); S. 22: # 93833953 (© nodff); S. 24; # 797551678 (© Fluke Cha); S. 27: # 784230709 (© EMMA KADENYI OMBIMA); S. 29: # 440910673 (© fotohunter); S. 30: # 1312516991 (© phimprapa jindagon); S. 32: # 255119410 (© GCapture); S. 35: # 1315420340 (© Daniel Chetroni); S. 37: # 191091947 (© Nuk2013); S. 38: # 1007119828 (© Cookie Studio); S. 40: # 745728400 (© Akura Yochi); S. 43: # 180632750 (© PrinceOfLove); S. 44: # 34837729 (© Eastimages); S. 50: # 614891162 (© Victoria43); S. 53: # 703449988 (© TwilightArtPictures); S. 54: # 751975894 (© Jesus Keller); S. 56: # 560273278 (© Grisha Bruev); S. 59: # 114923053 (© Forewer); S. 60: # 136952840 (© Lynn Watson); S. 63: # 263068889 (© Angela Aladro mella); S.65: # 1017759601 (© one photo); S. 67: # 131937623 (© Scorpp); S. 68: # 1092120824 (© Piyaset); S. 70: # 547088890 (© AVinter); S. 73: # 562613302 (© Veter Sergey); S. 74: # 163039916 (© Vasin Lee); S. 77: # 112779202 (© Vaclav Volrab); S. 78: # 452784838 (© Agnes Kantaruk); S. 81: # 211379527 (© fischers); S. 83: # 269596676 (© Stephane Bidouze); S.84: # 129528026 (© lola1960); S. 93: # 145621699 (© gyn9037); S. 95: # 112764790 (©V J Matthew); S. 99: # 112764790 (©V J Matthew); S. 100: # 1113651155 (© Nicky Gurret); S. 107: # 314155691 (© Andreas Alexander); S. 109: # 406178962 (© Olga_C)

Autorenbild: © Monique Wittwer